圖書館與
當代資訊科技

周寧森　主編

圖書資訊學叢書

楊　李　景
宗　燦　懿
英　傳　頻

著

三民書局印行

國家圖書館出版品預行編目資料

圖書館與當代資訊科技／景懿頻，李
燦傳，楊宗英著. -- 初版. -- 臺北
市：三民，民86
　　　面；　　　公分
　含參考書目
　ISBN 957-14-2530-3（平裝）

1.資訊科學　2.圖書館學

028　　　　　　　　　　　85014335

網際網路位址　http : // www. sanmin. com. tw

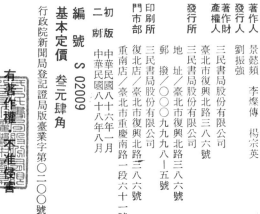

© 圖書館與當代資訊科技

著作人　景懿頻　李燦傳　楊宗英
發行人　劉振強
著作財產權人　三民書局股份有限公司
發行所　三民書局股份有限公司
　　　　地址／臺北市復興北路三八六號
　　　　郵撥／〇〇〇九九九八—五號
印刷所　三民書局股份有限公司
門市部　復興店／臺北市復興北路三八六號
　　　　重南店／臺北市重慶南路一段六十一號
初版　中華民國八十六年一月
二刷　中華民國八十八年八月
編號　S 02009
基本定價　叁元肆角
行政院新聞局登記證局版臺業字第〇二〇〇號

有著作權·不准侵害

ISBN 957-14-2530-3（平裝）

編者的話

　　當我在草擬這叢書的書名時，一位在唸圖書資訊學的同學曾建議我用「圖書資訊科學」做書名，她的意思很明顯：(1)她認為「圖書資訊學」是一種「科學」；(2)用了「科學」兩個字，便可以在一般社會人士心目中提高這門學問的身價，因而便可使更多人願意學習這門學目，而獻身圖書資訊事業。這位同學的看法，不但反映了一般社會人士對「圖書資訊學」的看法，也多多少少說出了她自己和很多圖書資訊從業人員的心態。這個普及的心態來源有自，背景很是複雜。簡單的說，一方面是因為近百年來自然科學在社會進化過程中的衝擊性；另一方面，是因為從事圖書資訊事業的人們對這門學問的認識有偏差，我很能瞭解並同情這個建議。考慮再三，我仍然用「圖書資訊學」做書名，我覺得，「學」字本身便已經有了「系統化研求」的涵義，而且在一般社會人士的心目中，既然已將「科學」二字當作「自然科學」的專用詞，又何必在已經複雜已極的現代名詞中，為大家更增添不必要的混淆？巴特勒先生（Pierce Butler）說得好：「不管如何，一個詞的意義決定在社會的採納與否，而不在邏輯性地下定義。」❶再說回頭，要改變一般社會人士對這門學問的看法，不是硬用「科學」一詞便可以達到的，一切還得看這門學問是不是值得人們冠以「科學」這個詞，還得看我們從事這項事業的人是否值得人們重視。我感謝這

---

❶　Butler, Pierce, *An Introduction to Library Science*, Chicago:University of Chicago Press, 1933, p.2.

位同學的建議，但也不想為不採納這個建議而致歉。

　　知識的成長是社會進步的原動力，而圖書資訊卻是知識成長必備的要素。知識是人們日積月累的經驗和研究的成果，這些知識的結晶便儲藏在圖書資訊中。圖書資訊學是研究：

①、目前及以往圖書資訊的型態；

②、蒐集它們的方法；

③、整理它們的過程和方法；

④、傳播它們到需求者的方式、過程和途徑。

　　根據上述四項研究成果來改進一切圖書資訊的作業程序，並推測、試擬未來圖書資訊作業的方向與方法，所以，我們也可以說圖書資訊學是社會進步、文化發揚的基石。

　　參照國內需求，這套叢書先出十本作第一輯：

①、圖書資訊學導論　周寧森著

②、圖書館藏之規劃與發展　張鼎鍾著

③、圖書資訊組織原理　何光國著

④、圖書資訊之儲存及檢索　張庭國著

⑤、圖書館之管理及組織　李華偉著

⑥、圖書館際合作與資訊網之建設　林孟真著

⑦、美國國會圖書館主題編目　陳麥麟屏、林國強合著

⑧、圖書館與當代資訊科技　景懿頻、李燦傳、楊宗英合著

⑨、圖書資訊學專業教育　沈寶環著

⑩、法律圖書館　夏道泰著

　　本叢書的作者是當代圖書資訊學的菁英，內容均能推陳出新，深入淺出，特地在此向他們致最高的敬意和最深的謝意，若有疏漏之處，都是編者一人的責任。

　　最後，我要向三民書局劉振強先生致敬，像這樣專業性的學術叢書是注定了要蝕本的，劉先生為了國家民族的遠景，毅然斥資去做這項明知無利可圖但影響深遠的事，實在不由人不佩服。

主編

周　寧　森

1989 於新澤西州

自 序

　　自從十九世紀打字機發明以來，各種不同的技術和設備不斷地湧入圖書館，它大大地提高了圖書館的服務和管理水平。今天，讀者在圖書館內通過計算機查找書目文獻，檢索唯讀型光碟上的文摘和索引數據，通過網絡的「客戶器／服務器」瀏覽全球的信息資訊，拷貝存取各種各樣的電子文檔；圖書館的館員們利用美國 OCLC 的計算機系統進行館際互借，通過網絡通訊系統為讀者獲取電子雜誌的文章全文，並運用各種計算機系統進行圖書期刊的訂購、驗收、編目和流通等圖書館業務；這所有的一切無一不是新技術在發揮著作用。

　　圖書館技術，從第一代的印刷型資料手工操作，到第二代圖書館自動化集成系統出現，包括線上目錄、各項圖書館功能計算機化，目前正在朝著第三代超時空電子數字化信息資訊方向演進。所有這些圖書館的技術，要求任何一位作者在一本書裡面詳細地全面地進行介紹，那是很困難的。在二十世紀七十年代以後，「圖書館技術」這個術語曾經與「圖書館自動化」、「圖書館計算機化」聯繫在一起，它雖然不是圖書館技術的全部範疇，但是它反映出人們把注意力集中在計算機這個最活躍的因素上。因此，在考慮介紹圖書館學和資訊科學新技術的時候，作者決定強調圖書館與計算機的相關技術，只簡略涉及一些人們所熟悉的諸如：資料複印、縮影及視聽資料技術等其他技術。如果說，這本書包括了所有的圖書館技術，那顯然是不正確的。本書的重點是描述在八十年代末以及在九十年代初對圖書館有重大影響的技術

與相關的問題。

　　圖書館內每項新技術的採用大多數是由圖書館員來著手完成的。今天，隨著科學技術的日新月異，隨著信息諮詢技術的日趨完善，隨著電子圖書館時代的來臨，圖書館學和信息資訊科學正在以嶄新的面貌和技術出現在圖書館工作人員、信息資訊技術人員的面前。這一革命性的變化要求圖書館的管理決策人員、圖書館的館員和信息諮詢人員必須緊緊地追隨新技術的發展方向，不斷地學習各種新技術，發展新技術，並且運用新技術來更好地為廣大讀者服務，促進圖書館的發展。

　　本書分為兩個部分。第一部分用較短的篇幅描述了圖書館技術的里程碑，給予二十世紀前八十五年，圖書館所使用的技術一個概要和歷史的論述以及它們對圖書館服務的影響。它們是圖書的保護技術，多種媒介及其技術在圖書館的應用，計算機應用於圖書館資訊領域的早期階段等。

　　第二部分論述八十年代末和九十年代圖書館資訊科學的技術。這一部分對這些新技術作較為深入的描述，比如那些是八十年代廣為運用的技術，那一些已經成為九十年代的主要技術，並且將繼續成為下一世紀技術發展的方向等。第二部分從第二章開始，重點介紹區域網絡的一些基本知識和它們在圖書館的應用。第三章論述光碟技術及其在圖書館的應用，它包括唯讀型光碟，一次寫入型光碟和可擦寫光碟；它們的技術特徵、文件結構、檢索方法及其網絡系統。光碟技術是目前圖書館信息諮詢的主要技術之一，它將繼續發展成為二十一世紀圖書館文獻存貯的重要媒介。第四章是有關專家系統技術的一些基本概念，和在圖書館資訊領域的應用狀況及展望。第五章敘述的是為適應網絡環境，為適應計算機及高密度存儲技術和文獻全文檢索系統發展

的需要，出現的超級正文技術和超級媒介系統，它們在九十年代初得到更廣泛的應用和發展。第六章敘述進入九十年代以後迅速發展的與圖書館有著密切聯繫的國際電腦網路和環球網路。第七章論述電子圖書館的概念，介紹電子圖書館的模式、功能及雛形，並對電子圖書館在今後的發展和對圖書館資訊領域產生的影響作了預測。

本書涉及新技術的面較廣，各章論述不同的主題，所以在每章的後面列出最主要的參考文獻。全書在圖書館和資訊方面的技術術語主要參考《圖書館學暨資訊科學字彙》，李德竹編著 (1985 年)；《電腦資訊科學辭典》，左宜有、左宜德主編 (1973 年)；《圖書館學辭典》，楊若雲主編 (1984年)。

本書經過幾年的準備，搜集資料，得到美國許多大學圖書館及專家的幫助，特別是哈佛大學燕京圖書館，麻省理工學院圖書館，卡內基—梅農大學圖書館，康乃爾大學圖書館和圖書保護技術部，海洋生物研究所圖書館 (Marine Biological Laboratory Library)，韋爾斯利大學圖書館，麻省東北大學圖書館，北卡羅蘭以及波士頓西蒙斯圖書信息學院和圖書館，匹茲堡大學圖書館信息學院等有關專家，教授的幫助。布蘭代斯大學圖書館(Brandeis University Library) 的許多圖書館專業人員和技術專家在本書的寫作過程中給予充分的協作和支持，特別是 Ivy Anderson, Martha Barry, Cathy Bazarian, Karen Cusack, Susan Pyzynski 和Sue Woodson-Marks所給予的各種幫助，在此表示衷心的感謝！同時，著者對所列出的主要參考文獻的作者表示感謝！由於本書所涉及的圖書館和信息技術均較新，著者不可能在各個領域都有豐富的經驗，若有錯誤之處，請讀者批評指正。

圖書館與當代資訊科技

目　次

第一部分

圖書館技術的沿革

第一章　過去的圖書館技術簡介

　　圖書館是人類文明文化的產物。自從印刷術和打字機問世以來，社會的進步與各種科學技術的發展，不斷帶動著人類圖書館的進步，並發展形成了圖書館學和與之有關的圖書館技術。各種圖書館技術的應用使圖書館在人類的文明歷史中扮演了十分重要的角色，起到了保護和傳播人類文化的積極作用。本章將介紹本世紀前八十年圖書館技術的發展，它包括：

　　1.印刷型文獻和保護技術。

　　2.複印和傳真技術。

　　3.縮影媒介和技術。

　　4.視聽資料與技術。

　　5.早期計算機技術在圖書館和資訊領域的應用。

　　上述幾種技術，特別是計算機技術的應用，使圖書館的信息存貯和處理技術進入了一個新的歷史時期，並出現了以它為核心，與其他現代技術相結合的新格局。比如與縮影技術相結合，衍生出計算機輸出縮微膠片 "COM"（英文全文為Computer Output Microfilm）；與視聽資料數據庫相結合，形成了線上檢索圖像數據系統；與現代通訊技術相結合，產生了圖書館網絡系統。計算機技術的進入圖書館，不但

使圖書館出現了線上目錄和線上檢索服務，而且使圖書館館際互借、編目流通等一系列業務的效率大大提高了一步。它的出現為圖書館自動化，為實現了廣泛的有效的信息交流和資源共享打下良好的技術基礎，因此使它在圖書館的發展中占據了歷史性的位置。

　　本章選擇這些對當今和將來的圖書館有重大影響的技術進行論述。除此之外，圖書館技術還應包括圖書館建築技術以及其他一些技術，如採光及照明設施、防污染設施、書架自動控制裝置、圖書傳送裝置及它的自動化和機械化裝置設施等等。由於篇幅關係這裡不一一作介紹。關於激光數字存貯技術，將會在第三章裡進行介紹。

第一節　印刷型文獻及其保護技術

　　當前圖書館最廣泛應用的傳統技術仍然是印刷型媒介的技術。油墨、紙張和裝訂這構成印刷型文獻的三要素，合在一起形成了圖書期刊和雜誌等。由於印刷術的發展，印刷型的圖書和期刊一直是圖書館的主要媒介，它今後在一段很長時間裡，仍然將起著十分重要的作用。

一、歷史

　　許多人都熟知印刷品的由來，印刷術最早出現於中國。公元以前，已經十分流行的刻製技術和五世紀出現的拓石等方法，加上紙墨的出現，分別為印刷術的誕生創造了有利的技術條件和物質條件。早期的印刷就是先將圖文雕刻在木板上，然後再用水墨來進行印刷，故它稱之為雕版印刷術。到了宋代，畢昇首先創造出泥活字版印刷，成為中國人的驕傲。近代西洋活字印刷術是由德國人谷騰堡發明的（Johann Gutenberg，生於1394年，卒於1468年）。印刷術的產生，使得人類的

文明文化、信息文獻能夠通過印刷品進行廣泛地傳播交流並且記載保存下來。

　　發明機器印刷是接近十九世紀的事情。機器印刷使得各種書刊雜誌能夠降低印刷成本，實行大量地編輯印製流傳發行。平裝本的書籍出現在二十世紀早期，而大量發行平裝書的出版公司則建立於1935年。自從平裝書刊大量地進入市場流通以後，知識和文獻才真正得到更為廣泛的傳播。

二、印刷型文獻的優缺點

　　圖書館從古代的藏書樓完全收藏雕版印刷線裝書和手稿畫冊，發展到今天的館藏媒介多樣化信息諮詢電子化階段，印刷型的書刊文獻一直是其主要的傳播媒介之一。預計在今後很長一段時間內，印刷品還是不可能完全被其他媒介所取代。

　　印刷型文獻有許多不可忽視的優點：

　　1. 輕便可以攜帶

　　不管外出旅行或在家中，不需要任何設備和動力，就可以自由的閱讀，這是任何媒介都不能與之相比的；

　　2. 可讀性

　　人們認為「眼感好」，它往往比電子屏幕更清楚且不受屏幕顯示尺度的限制；

　　3. 易於使用

　　它不像其他新技術的媒介需要花一定時間學習或者必須經過培訓才能使用；

　　4. 有藝術性和經濟性

　　人們閱讀書刊的彩色圖像往往是一種藝術享受，它的經濟性是顯

而易見的，特別是可登大量廣告，更降低了報紙和雜誌的成本。

印刷品主要存在兩個問題：

1.裝訂過程中容易使紙張受損並使其耐用性下降；

2.紙張本身的耐用性不夠，存在易於破損、變脆、變色等問題。

三、書刊保護技術

世界上成千上萬的文獻正在悄悄地變為灰燼。由於酸在紙上的殘留，它們將漸漸的變色、變脆和破碎，這個過程就是所謂的酸腐蝕。產生酸腐蝕的根源是由於十九世紀的下半葉，人們對紙張的需求量增加，印刷業開始借用木材來做紙漿，這樣的紙漿含有大量木質素，在光和氧的作用下會產生出有機酸；同時在造紙過程中常會用酸對其他造紙原料如破布和碎紙等進行高溫蒸煮，又在紙漿中殘留下酸性物質，另外使用含酸的油墨等都會使紙張帶上酸性物質。這些物質滲入紙的細胞和纖維中，逐漸引起變質，又由於溫度、濕度和污穢及有害生物等的因素加速了酸腐蝕的過程。

印刷型文獻的保護措施主要從三個方面入手：第一是改變圖書的媒介形式，把它們做成縮影片或存貯在光碟中（這一點將在下面的章節中論述）；第二是圖書印製過程中採用持久紙；第三是對現有圖書採取一定的防護措施，防護主要有兩種途徑： 1.通過去酸、修復和裝訂等方法來延長圖書使用壽命，它側重於圖書的逐冊保護； 2.改善圖書館的環境，主要是對溫度、濕度的控制和防止微生物或蟲害侵入書本以及避光等措施，從宏觀上對館藏進行全面的保護。

保護印刷型文獻的技術包括：

（一）採用耐久紙

耐久紙是一種具有一定塑性和化學穩定性，並有具體製作標準的紙張。在圖書館正常使用和貯藏條件下，該紙可持續使用幾百年。1984年，美國國家信息標準化組織（英文簡稱NISO）為出版界和圖書館制訂了「Z39.48 標準」——即印刷型文獻耐久紙標準。另外，在印製圖書時，不能使用含有酸性的油墨。

（二）去酸的處理

由於現代機器生產的紙中存在著不同程度的酸，使近百年來出版的圖書只有 50 ～ 60 年的壽命。因此，去掉紙中的酸，是延緩紙張脆化的重要手段。它的原理是：通過降低紙中氫離子濃度，來降低纖維素的水解速率。去酸的過程中，不僅要對紙張中的酸產生中和作用，而且在紙中留下一定量的鹼性物質作為緩衝劑，使紙張具有抵抗酸化的能力。

去酸的方法很多，歸納起來大致有三類：濕去酸法、無水去酸法和乾去酸法。其中乾去酸法能對成批書同時進行處理，較受歡迎。美國國會圖書館使用有效的乙烯基 (Diethyl Zinc–DEZ) 蒸汽進行處理，一次可同時處理4000～5000冊，平均成本僅3.0～5.0 美元／冊，大大低於用縮影膠卷（平均100 美元／冊）來保存圖書。

（三）殺蟲和消毒

殺蟲的方法有化學方法和物理方法兩種。化學方法可以用藥品驅蟲，中國民間很早就有傳統的方法，將靈香草放在書櫃中來保護珍貴的善本孤本書籍，或者乾脆將書放在樟木箱裡；物理方法可以採用高

溫、低溫、放射線或絕氧等殺蟲方法。

　　圖書保護是一項巨大的工程。根據有關的調查報告，美國國會圖書館到1990年底為止，已經有約340萬冊圖書變成脆性書，而且以年7.7萬冊的速度往上遞增。類似的情況同樣發生在世界上的其他圖書館裡。一些圖書館專家甚至說：我們已經到了失去繼承人類文化的危險邊緣。所以對印刷型書刊的保護，不論是過去現在或將來的一段時間裡都是圖書館的一項重要任務。目前，許多圖書館、學會和有關組織正在加強合作，國際圖書館協會聯盟簡稱「國際圖聯」(IFLA) 和聯合國教科文組織也很重視這個問題，經常召開有關圖書保護的國際學術研討會，以期共同來保護保存人類的文明和文化財富。

第二節　複印技術和傳真技術在圖書館的應用

　　複印技術的涵義是：將印刷型圖書資料或文稿中的文字圖像照原樣，包括原尺寸、或縮小、或放大，複製出來的技術。早期人們複製文件或者畫面等資料是採用碳素紙複寫。六十年代以後，複製技術開始走向機械化，複製的質量速度都有了驚人的提高。複製技術一直是圖書館技術的一部分，目前這項技術對圖書館工作和便利讀者較快地獲得信息資料仍然起著相當大的作用。

　　本節所列出的靜電複印和傳真兩種技術，它們的技術原理基本上是一樣的。現在普遍使用的普通紙靜電複印機是一種間接式的靜電複印，而傳真機則是一種直接式的靜電複印，這兩種技術在圖書館都被

廣為應用。

一、複印技術在圖書館應用的優點

目前靜電複印機仍廣泛地應用於圖書館，主要的作用是：

1.作為讀者所需文獻直接獲得的手段之一

讀者可任意複印書刊的某些頁或圖，既方便又節約時間。

2.作為全文信息傳遞交換工具之一

圖書館館際互借中，期刊雜誌全文可以先通過複印。再郵寄給對方或傳真給對方。此外，許多信息數據中心，在用戶通過線上檢索要求全文數據資料時，也利用複印技術向客戶提供全文服務。

3.有利於圖書館的管理和服務

由於提供了複印服務，讀者獲得所需的信息資料，而原版書刊仍在館內，其他讀者可以繼續使用。

二、傳真技術的應用

利用複印和郵寄傳遞資料往往太慢，進入八十年代以後，由於通訊技術的發展和通訊費用的降低，圖書館開始利用傳真機進行館際互借服務。利用傳真機來發送一些急需的文章和資料，傳真價格僅為長途電話費用加上資料複印的費用，不會比原來利用複印再郵寄的價格貴很多，而效率卻大大提高了。傳真機還可以與個人電腦聯結起來工作，把存貯在計算機內的文件和圖像通過傳真傳送給對方。

傳真技術目前按國際標準有四種類型，每一種使用不同的傳輸協議。它是由國際電報電話諮詢委員會（CCITT）制訂的。傳真效果好壞和傳真機有著直接的聯繫，目前圖書館普遍採用的是普及型的傳真機器。當然，含有高分辨率高速率掃描器的傳真機肯定會更受歡迎，

但是這類傳真機價格十分昂貴，還得視其應用的價值而定。

　　文獻傳真雖然效率很高，但是傳真的質量還存在著一些問題，特別是地圖、照片和線條較淡的資料，傳真出來的效果不夠清楚；此外，傳真必須通過電話線，所以當電話線路繁忙的時候，傳輸很可能會中斷或出錯。

　　新技術在不斷發展，近年來，隨著電子出版物的發展，不少圖書館或學者，利用傳真機，向電子出版物數據庫中心索取資料或全文；有些則利用電子郵政傳送資料，這些將在下面章節介紹。雖然，當前電子掃描和傳遞技術發展迅速，但預計在今後一段時間內，複印技術將仍是圖書館使用的重要技術之一。

第三節　縮影媒介和技術

　　本節所談的縮影技術或者稱為縮微技術，是指用光學的方法，主要是通過照像技術，將原始文獻縮小拍攝在一定規格的微型膠片上，製成各種規格的縮影片，這種縮影製品再通過相應的顯影閱讀機器可以進行閱讀，這一整套的過程和方法。

一、縮影製品的簡史和種類

　　縮影複製品最早可以追述到一個多世紀以前，英國人丹舍 (J. B. Dancer) 在1839 年所研製、生產的縮影照片；商業民用的縮影照片則一直到本世紀三十年代才推向市場。縮影技術和其製品經過不斷地發展，到了六十年代至七十年代可以說是縮影複製品的「全盛時期」，當時在價格低廉和信息的密集貯存方面，它幾乎沒有競爭者，甚至還有人認為它將取代印刷型而成為主要的傳播媒介。不過幾年以後，那種

預期縮影製品可能完全代替印刷型圖書的看法就消失了，因為人們認識到縮影技術和其產品作為一種成熟的技術和傳播媒介是不可能取代印刷型媒介的，它只能在一定的範圍內起很大的作用，特別是在圖書館和許多信息數據諮詢中心，縮影技術和製品能夠發揮其特長，可以繼續用它來為廣大的讀者服務。

縮影製品有許多種類，不同的縮影製品必須使用與其相應的縮影閱讀機。圖書館常用的縮影製品和閱讀機有以下幾種：

1. 縮影膠卷

35 毫米的縮影膠卷是最適合圖書館要求和清晰度最好的產品。一個小膠卷可存放 1200 至 1500 頁，相當於三本較厚的書籍。縮影膠卷不僅僅只有 35 毫米一種，還有其他尺寸的如 8、16、70 和 105 毫米幾種。35 毫米的膠卷是圖書館普遍應用的一種，這種膠卷在普及型閱讀機（專供閱讀縮影製品、放大投影的機器）的投影下，文字和圖像均比較清晰。8 毫米和 16 毫米的膠卷就必須使用較高倍數的閱讀機才能有較好的視覺效果。

使用 35 毫米的縮影膠卷不但購買相應的閱讀器價格比較便宜，而且其閱讀器使用亦十分方便。這種縮影膠卷的體積大小、尺寸、存貯量都十分理想，對開架圖書館來說，既方便讀者索取，又便於館員管理，其損壞率也低，如果膠卷上出現有小的劃痕或灰塵，也不會影響使用。但是，使用 35 毫米縮影膠卷捲片不易是一個主要缺點，因此當讀者閱讀時，不容易很快找到在膠卷上所需要資料。

2. 縮影平片

雖然縮影平片也有不同尺寸的幾種選擇，但是最常使用的是一種 4 × 6 英寸的 24X 負片。此種縮影平片每片存貯 98 頁資料，如果用 20X 負片，每片則只能存貯 60 頁。

縮影膠卷與縮影平片關係密切，平片實際上是 105 毫米膠卷的切割型。這種膠片使用一種高清晰度的負片，與計算機錄製輸出縮影製品 COM 所用的膠片相同。在 100 英呎長的整卷膠片上，可製出 200 個縮影平片。每個平片如用 24X 照像負片來縮影，可存 19600 個縮影頁面，如用在 COM 上則可存高達 54000 頁資料。一捲 100 英呎長的膠片，製成規格為 4 × 6 英吋的縮影平片，其儲存量比唯讀型光碟單面的貯存數據能力還要強，只是它的檢索速度無法與光碟相比。

縮影平片與縮影膠卷相比，其檢索速度較快，讀者比較容易找到所需要的資料；平片閱讀器價格也不貴，使用更為方便，其直接再生產成本低，並可以在正常的信封中郵寄。由於有上述這些優點，因此用平片的形式來縮影技術報告、技術標準和其他簡短的出版物特別受歡迎。例如，美國的政府出版物就有許多種類以縮影平片的形式發行。

平片相對縮影膠卷而言也存在一些問題，比較典型的是，一個 90 片按順序排列的平片聯合目錄，很容易某一片被讀者放錯了位置順序，使其他的讀者找不到所需要的資料。

3.計算機錄製輸出縮影膠片(COM)

計算機錄製輸出的縮影膠片常用英文字母縮寫 COM 來通稱（英文全文為Computer Output Microfilm）。COM 是計算機技術和縮微技術相結合的產物。把輸入計算機內的數據資料用專門的記錄器直接記錄在縮微膠片上，或者說用計算機把機讀資料數據直接輸出在縮微膠片上所形成的縮微膠片，被稱為 COM。這種方法也是一種電子數據處理技術，因為它可以替換行式打印機輸出硬拷貝，或用來顯示陰極射線管上的圖像。利用 COM 來縮影長篇而且不需要太多複本的出版物是非常合適的，如字典、參考工具書、索引等。COM 計算機內的數據一旦錄製完成，其輸出的縮影平片是很便宜的。

二、縮影製品在圖書館的應用

縮影製品在圖書館的應用十分普及。無論作為館藏還是傳播媒介，它都起著相當重要的作用。用它來保護日益變壞的文獻檔案，或者複製稀有資料實行資源共享，或者建立完整的大型期刊報刊資料，都是很好的選擇。一些大型圖書館的縮影製品館藏已經高達幾百萬件。美國圖書館界很早就將縮影製品的館藏數量列為統計館藏，衡量圖書館質量的重要指標之一。

（一）對印刷型圖書的保護

利用縮影技術保存文獻仍然是當前的好方法之一，特別是用於對年代較早的報紙和珍本、善本的保存。文獻一旦被縮微製成膠卷以後，用母片再大量製作複製品就十分容易，這對於實行資源共享很有幫助。不幸的是縮影製品對於線條不濃的圖像複製能力較差，特別是帶有陰影線插圖的一些文章，很難製成有用的膠片供讀者使用。用製作彩色縮影膠片的方法，雖然可以得到很令人滿意的圖像，但是由於價格昂貴，一般不被採用。

（二）完善充實特種館藏

對研究型或高等院校圖書館來說，用縮影製品來完善充實特種館藏或提供所需的研究資料是有效的手段之一。由於許多縮影製品商、贊助商或政府的有關機構有計劃地組織實行對稀有資料、特種資料的縮影複製，得以使世界各地許多珍貴的絕版書籍、檔案文件、名人手稿、和歷史資料成為圖書館的館藏。這些原始文獻資料通常圖書館是不可能擁有的，但是當它們成為縮影製品後，圖書館就可以獲得，並

作為館藏發揮它們的作用。特種資料的縮影製品館藏還可以選擇政府報告、非政府技術報告和學位論文等。

（三）資訊資源的完整性

由於縮影製品所具有的特定優點，可以用它來作為圖書館內非常用型的資訊資源，以保證資訊資源的完整性。許多參考資訊資源是圖書館必備的，如全國的或地區範圍的各種聯合目錄、整套的技術標準專利報告等，但是這些資料使用率比較低，購買印刷型的價格又貴，縮影製品是最好的替代品。

（四）期刊報刊館藏的應用

縮影製品的出現合理解決了期刊報紙的時效性、回溯性問題。圖書館可以同時向出版商訂購某一種報紙的印刷型和縮影製品，只需階段性地保留其印刷品，而永久性地以縮影製品作為其館藏。這樣圖書館不但向讀者提供了完整的期刊和報紙，而且大大地節約了館藏空間並減少了裝訂工作。

三、縮影製品的優點和存在問題

（一）縮影製品的主要優點

1. 縮影製品的主要優點是大大縮小原有文獻的體積，從而能夠大量節省館藏空間。
2. 縮影製品規格容易統一，有利於實現標準化。
3. 縮影製品便於保管。
4. 縮影製品具有耐久性，它與一般紙質出版物不同，不像紙質製品

怕水濕和蟲害。當然它也需要注意溫度、濕度的控制並防止機械
挫傷表面。

5. 使用縮影製品較為經濟，以期刊為例，訂購原版雜誌要比縮影製
品貴得多。

6. 平片易於郵寄，而且郵寄費用比較便宜。

（二）縮影製品的主要存在問題

1. 與印刷品相比，使用縮影製品比較麻煩，閱讀費力，許多讀者不
想用。

2. 縮影製品必須有專門的閱讀器才能閱讀，不像印刷品可以隨時隨
地閱讀。

3. 缺乏相應的書目檢索，而且讀者在閱讀時經常找不到相應的頁
面。

縮影製品目前由於其特定的性質，在圖書館的館藏建設中還占有
著一定的比例，發揮著它應有的作用。隨著光碟技術發展和各種光碟
的出現，人們在問是否縮影製品將會被唯讀型光碟或其他各種光碟所
取代？專家們的意見暫時還是：各種光碟的出現將不能替代所有的縮
影製品，原因在於縮影製品有它自己的優點和市場。比如計算機輸出
的縮影膠片產品(COM)，其使用對象往往是特定的。無論是從經濟角
度看，或從技術角度看，縮影製品都有其存在的必要。所以，在今後
一段時間內，縮影製品仍將在圖書館得到應用。

第四節　視聽資料和技術

六十年代以後，圖書館才開始較大量的使用多種媒介。一般文獻

按其記錄的形式，可分為文字記錄，視聽記錄和計算機內存數據記錄三種。文字記錄一般指手寫稿、印刷型記錄和縮影型記錄；視聽記錄是指聲音、圖像和聲像的記錄，如唱片、錄音帶、激光唱碟、幻燈片、電影片、錄像帶和錄影光碟等。記錄著聲音和圖像信號的資料稱為視聽資料。視聽資料的錄製技術和再現技術總稱為視聽技術。本節主要介紹錄音、錄像帶和激光視唱碟。

一、聽音資料技術簡史

1877 年，美國愛迪生發明了圓筒形留聲機，第一次將聲音記錄下來。1887 年，德國的貝利納成功地製作了圓盤形留聲機，能夠將記錄的聲音信號複製下來。本世紀上半葉，唱片作為錄音資料得到極大的發展。五十年代末，菲力浦公司開始研究盒式錄音磁帶技術。六十年代末錄音磁帶進入市場，它比唱片更受用戶歡迎。錄音磁帶是以磁性記錄的方法將聲音記錄下來。該項技術早在 1898 年就由丹麥工程師發明，但是經過幾十年的努力，才研究出以醋酸為底層的普及型錄音帶，從而能夠推向市場。

1967 年後出現了數字化的聽音媒介，它是用數字格式（一串二進制的位數──字節）來存放每一個音，利用一組音調樣品來形成人們聽力範圍內的和諧音調。它的最重要特徵是字節數可進行糾錯檢測，此外當複製幾百個音碟時，它的音調音質仍然和母盤一樣。在八十年代初期，該項技術被運用到激光唱碟上獲得成功，產品迅速推向市場。

目前大多數圖書館的館藏中都包括唱片、錄音帶和激光唱碟。唱片和盒式錄音帶，以相應的唱機和錄音機為讀者提供服務；激光唱碟則以相應的激光播放機為讀者提供服務。

二、錄像資料和技術

電影從十九世紀問世以來，深受人們的喜愛。但是由於各種原因，特別是放映使用技術不易，設備場地限制，影片規格不同，使其無法在圖書館成為主要館藏而為讀者服務。錄像機早在 1956 年就已經問世，可是錄像技術綜合磁帶錄音和電視兩門技術，在七十年代才發展成一套獨立完善的體系。它把圖像和聲音信號同時記錄在錄像磁帶或光碟上，然後通過放像機將它們還原出來。

由於六十年代末和七十年代出現了數字化的聽音媒介，人們將該項技術運用到激光光碟上的同時，很自然地會想到同樣可以將它與錄像結合起來運用到激光光碟上。用激光光碟製作的視唱碟，或稱錄影光碟，與錄像磁帶進行對比，其圖像和聲音的存貯質量及密度都達到一個新的水平。激光錄影碟的特點是：

1. 記錄密度高，存貯容量大：記錄密度為盒式錄像帶的50倍。

2. 可以隨機檢視任何所需要的圖像。

3. 信息存貯時間長，一般為10～25年。

4. 存貯信息質量好：音質好、圖像清晰度高。

將錄像帶作為資料在圖書館收藏並向讀者提供服務起始於七十年代以後。由於錄像資料生動易懂，用它來輔助教學和傳播信息是很好的方法。許多大型圖書館，特別是高等院校圖書館在購置商用錄像帶作為館藏的同時，還利用本館的錄像設備自行錄製與本單位有關的錄像帶作為檔案收藏。目前，錄像帶依然是圖書館錄像資料的主力，但是激光錄影碟正在得到越來越廣泛的應用。比如，美國航空航天博物館已向其圖書館提供太空照片的光碟作為資料進行收藏；許多圖書館，尤其是藝術院校圖書館和文科類圖書館都收藏錄影光碟並提供流

通服務。

錄像資料的主要問題是錄像帶有不同制式，圖書館必需購置配套設備才能向讀者提供服務。此外，錄像帶雖有保護技術，但還是有可能圖像被擦掉，或像帶被楔住損壞等問題。錄影光碟則克服了此一缺點。

視聽媒介是一種具形象且有活力的信息表達方式，錄像視聽資料是人們極具效力的學習資料，因此深受讀者歡迎！

第五節　圖書館和資訊計算機技術的開發和應用

從六十年代起到八十年代中期的二十多年時間裡，計算機技術開始在圖書館得到發展和應用，它使圖書館發生了根本性的變化。這一段時間裡面出現的圖書館計算機自動化集成系統和信息資訊聯線檢索系統，使圖書館從原來的手工操作印刷型媒介傳播，逐步轉型改變為聯線自動化操作、目錄數據計算機存儲檢索線上服務。計算機的存儲量大、處理速度快、功能齊全、輸出形式多樣化，它的應用把圖書館的工作和資訊服務都提高到一個新的水平。這一歷史性的變革是圖書館技術發展史上的第二階段。

在該階段將計算機技術應用於圖書館工作和管理稱為圖書館自動化。圖書館自動化這個概念的提出，是指利用自動或半自動的計算機數據處理器，來完成圖書採購、編目和流通等傳統的圖書館工作。因此，開發研究圖書館工作計算機應用主要集中在兩個方面：一是圖

書館的內部工作和管理，即圖書館自動化管理；二是線上信息服務。下表列出了計算機在圖書館自動化的應用範圍。本節對這兩大領域作了一些簡單的論述。

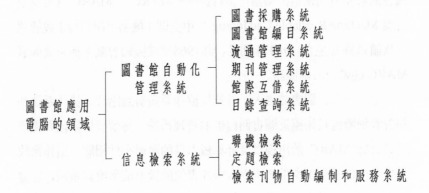

一、歷史的沿革

（一）圖書館自動化管理的歷史

圖書館自動化管理大致經歷了三個發展階段：六十年代初的試驗系統階段；六十年代下半葉開始的基層系統階段和七十年代開始的協作系統階段。

世界上最早用於圖書館的計算機系統，應該算是 1936 年在美國得克薩斯大學安裝的單元記錄圖書流通系統。但是這一系統的出現並不代表著圖書館已經開始進入計算機應用時代。圖書館實質性的計算機應用研發一直到六十年代初，當時美國的一些圖書館開始研究嘗試在某些業務環節上使用計算機。

六十年代下半葉，一些較為成功的圖書館計算機系統被研究出

來，正式應用於圖書館。如美國俄亥俄州州立大學自己研製的計算機
編目系統；加州柏克萊大學自己開發的計算機流通系統等。在當時美
國全國性的圖書館計算機應用研究過程中，最偉大的成就其過於美國
國會圖書館發明創造的機器可讀目錄——MARC。"MARC"（英文全
文為 Machine Readable Cataloging）中文即「機器可讀目錄」或簡稱
「機讀目錄」。它於 1964 年問世，到 1968年美國國會圖書館正式開展
MARC 磁帶的訂購服務。

七十年代，圖書館進入了計算機協作系統發展階段，協作系統利
用計算機聯線技術協助圖書館內部的管理系統。這個發展階段與機器
可讀目錄 MARC 的出現以及計算機本身的發展密切相關。協作系統
最典型的例子是俄亥俄州州立大學圖書館的線上流通檢索系統，它建
立在編目系統的基礎之上，同時提供讀者多種查詢檢索途徑，其中
的著者檢索已經開始採用（3,3鍵）的壓縮檢索技術（即由人名中姓的
前 3 個英文字母，加後續名中的前 3 個字母，以逗號分開，作為檢索
方法）。在七十年代的圖書館計算機應用發展過程中，最值得稱頌的是
當時相繼建立的四個計算機書目記錄聯合服務中心——OCLC, RLG,
WLN, UTLAS。它們的出現為圖書館的資源共享，館際合作開闢了新
的道路。與此同時，商用圖書館單功能或多功能計算機管理系統也陸
續出現。到了八十年代初期，較成熟的圖書館管理計算機集成系統，
在北美已有二十多種。根據不同的需要和性質，美國大多數大學圖書
館從那時開始都陸續建立起自己的圖書館自動化管理系統。

（二）計算機信息檢索的發展進程

計算機信息檢索隨著電子計算機的發展，在二十多年的發展歷史
中，經歷了離線 (off-line)、線上 (on-line)、和線上檢索普及三個發展

階段。

　　1954 年，世界上第一個實用的計算機信息檢索系統出現在美國海軍兵器中心 (NOTS) 圖書館，從那以後到1964年的十年間都屬於離線信息檢索時期。

　　早期線上信息檢索研究發展 (1965 ～ 1970)，在這個階段應用的系統是單機多終端線上系統，用戶可以使用終端與中央計算機直接進行對話檢索，或通過通訊線路與遠程計算機進行對話檢索。1970 年美國國家醫學圖書館 (NLM) 利用電話線建立的線上檢索系統——MEDLINE，其服務對象除美國本國外，還擴展到世界其他各國，成為一個國際性的醫學信息自動化系統，就屬於這種系統。

　　線上檢索普及時期——1971 年以後，隨著通訊網絡的使用，開始進入線上檢索普及時期。與線上信息檢索關係最密切的全球性數據通訊網絡是 TYMNET。美國當時的主要單機多終端線上檢索系統，如著名的 MEDLINE, DIALOG, ORBIT 等都加入了 TYMNET網絡。該通訊網絡的通訊節點遍及美國、加拿大、西歐、馬尼拉、香港等地。從那以後，線上信息檢索得益於數據通訊網絡的使用和發展，不斷擴展普及，為今天的全球性網絡化信息諮詢打下了基礎。

二、圖書館的自動化系統

　　圖書館自動化的主要目的是提高對讀者的服務效率和質量，讓讀者以最快的速度查找到所需要的文獻資料。它包括利用計算機協助人工進行文獻加工處理，提供線上聯合目錄，簡化書刊流通手續，縮短訂購週期，提高一系列圖書館內的工作效率和管理水平。圖書館的自動化系統和技術主要有以下幾個領域：

（一）圖書館計算機管理集成系統

圖書館計算機管理集成系統是圖書館實現自動化的主要支柱。一般所說的圖書館計算機系統就是指圖書館計算機管理集成系統（英文為 Integrated Online Library System）。它能夠管理執行多種圖書館內部的工作業務和外部服務。所謂的集成是指該系統集圖書館的採購、編目、流通、公共查詢和期刊管理等幾個子系統而大成，並使用同一個公共機讀數據庫。

（二）書目記錄的機讀格式

遵循書目記錄機讀格式的國際標準，是圖書館實現自動化的技術基礎。書目記錄的機讀格式有：

1. 國際標準磁帶格式

國際標準磁帶格式是 1973 年國際標準化組織通過的其 46 技術委員會第4分會(ISO/ TC46/SC4)起草的磁帶格式國際標準——即「文獻目錄信息交換用的磁帶格式」(ISO–2709–19 為73(E))。該標準在1981年修改後的第二版中，採用了目次方式可變格式可變長字段，其格式結構分為三個區：記錄頭標區、目次區和數據區。

2. 機讀目錄——MARC

從英文意義可知，它是「機器能讀的目錄」，即計算機能夠識別與閱讀的目錄。英文縮寫字母MARC 是美國國會圖書館根據國際標準委員會的磁帶格式，設計出的一套自動化編目工作方法和產品的專用名稱。其他國家也分別制定有自己的 MARC 格式，比如美國的稱USMARC、英國的稱UKMARC、加拿大稱CAN/MARC、澳大利亞稱AUS/MARC、日本稱 JMARC 等。

3.國際機讀編目格式——UNIMARC 格式

　　UNIMARC 格式（英文全文為 Universal MARC Format），是國際機讀目錄的通用格式。由於機讀目錄在內容組織安排和各種標識符號的設計上，存在許多手工的痕跡和問題，各個國家為解決這些問題採用了不同的辦法，從而導致各國 MARC 的一些內容和標識符上的差別。1972 年「國際圖聯」為了解決這一問題，專門組織了「內容和標識符工作組」，研究制定出統一機讀目錄格式第一版，即 UNIMARC 第一版，它為統一各國使用機讀目錄作出規範。1980 年出版第二版，1983 年發行「統一機讀目錄格式使用手冊」，「中國機讀編目格式」就是依據它的標準來制訂的。

（三）圖書館計算機書目記錄聯合服務中心——OCLC

　　前文所提到在七十年代建立起的四個大型圖書館計算機書目記錄聯合服務中心——OCLC,RLG, WLN, UTLAS，已經由創建時的初衷——利用計算機技術改進圖書館工作，實現資源共享，消除減少重複勞動，演化為今天的大型多功能信息數據網絡諮詢中心。這四個服務中心一直以圖書館為其主要服務對象，向圖書館提供諸如聯合編目、館際互借、著者機構統一規範文檔等等各種不同的服務。其中，尤以 OCLC，即俄亥俄學院創辦的「俄亥俄學院圖書館中心」（用其原英文名的第一個字母組成——Ohio College Library Center），發展最為成功。該服務中心在 1977 年改名為「聯機計算機圖書館中心」(Online Computer Library Center)，以後逐漸發展成為全世界最大的非營利性圖書館信息諮詢服務機構。OCLC 通過國際電訊網絡向全世界的圖書館和信息機構提供服務，截至 1995 年底全世界已有兩萬多個圖書館加入了OCLC，同時使用其各種不同的線上系統。OCLC 的主要信息

數據庫和它所提供的服務有：

1.線上聯合目錄

截至 1995 年底，聯合目錄數據庫已擁有3300 多萬個記錄。該數據庫是由 OCLC 的成員館、美國國會圖書館、美國國家醫學圖書館、美國聯邦政府印刷局以及全世界其他國家的有關圖書館合作編目而建立的。

2.首席檢索(First Search)

首席檢索服務是 OCLC 在其龐大的聯合目錄數據庫基礎上建立起來的線上信息檢索服務。它向圖書館提供十多種不同的分類數據庫，包括圖書期刊館藏地點、一萬二千多種期刊雜誌文章索引和內容提要、期刊雜誌全文線上輸送索引、會議錄索引、重要的權威性科學雜誌文章索引、美國政府出版物、醫學雜誌文摘、和其他一些不同類別的文摘索引。

3.姓名—地址指南

這是一個交互式的線上資料檔案，用來儲存和檢索名稱、地址以及其他有關通訊的信息。使用對象包括圖書館、出版商、書商、專業學會以及與信息資料有關的機構。

4.OCLC 的工作系統

編目系統：OCLC 的編目系統為消除和減少圖書館的重複編目工作發揮了極大的作用。使用者通過檢索聯合目錄中的記錄，依據OCLC制定的編目規則，決定是否應該採納聯合目錄中已有的機讀數據記錄，如經採納，用戶可以按本館的要求，對記錄進行修改，然後存放進本館的機讀數據庫內；如果使用者在聯合目錄中無法檢索出所需要的記錄，則必須向聯合目錄編入新的記錄，以便其他圖書館編目人員享用同一機讀數據。編目系統同時提供主題、人名、機構、地名、統一書

名規範檔，為編目人員統一不同的款目提供依據。

　　館際互借系統：由於 OCLC 已成為世界上最大的圖書館服務機構，擁有各種不同類型的圖書館和反映所有這些圖書館館藏的聯合目錄，其成員數量之多、館藏之豐富使得它的館際互借作業有了充份的發揮餘地。該系統通過OCLC 的網絡聯線，提供經濟、簡捷的互借作業，幫助圖書館加強及擴大其服務範圍。

三、數據庫信息檢索系統

　　利用計算機技術建立不同種類的數據庫，提供資訊檢索服務，是圖書館七十年代以後發展起來的服務的方式。隨著科學技術的發展，信息檢索技術已經成為一個獨立的學科分支。信息檢索，為了區別當前電子信息的檢索，或可稱它為數據檢索（期英文為 Information Retrieval），原先表達這個概念的術語是「信息存儲和檢索」（英文為 Information Storage and Retrieval），後簡化為信息檢索。

　　信息檢索必須先有存儲，才有檢索，兩者之間有著密切的聯繫，相互配合才能發揮作用。前者是為某種應用需要，而進行的信息搜集，然後經過分析、整理、摘要、編輯，存儲形成信息檢索數據庫。後者通過數據庫所提供的檢索點，利用計算機檢索系統對該數據庫實行檢索。

　　七十年代後期，由於計算機分時技術和通訊網絡技術的發展，大大提高了線上檢索的普及率。同時，各數據檢索系統的檢索範圍越來越廣，數據庫的質量越來越高，數據更新越來越快。當前主要的檢索系統有：

　　1.DIALOG 信息檢索系統

　　DIALOG 系統是世界上四個大型線上信息檢索系統中最大的一

個，也是普及率最高的一個。它所提供的檢索服務，數據庫種類最多，範圍最廣。

DIALOG 系統建立於六十年代，截至1991 年，世界五十多個國家，二百多個城市中有幾千個終端與DIALOG 連接，使用其服務。該系統目前擁有數百個資料數據庫，存有二次文獻2.6億篇，幾乎佔全世界計算機存貯二次文獻總量的50％。從1991 年開始，DIALOG 系統中的大多數資料數據庫都提供全文檢索服務。

DIALOG 提供的文獻除少量的社會科學方面外，主要包括物理、化學、生物、地質、能源、冶金、機電、計算機、自動控制、紡織、造紙、醫藥、環保、氣象、海洋、農業、食品等有研究價值的文章以及經濟管理、生產統計、公司和商情信息等。資料信息年限一般可追溯檢索20 年左右，而輸入新的資料大多數以週為更新週期。

2.BRS 信息檢索系統

BRS（英文全文為Bibliographic Retrieval Service）於1976 年建立，其數據庫特色偏於注重文理及社會科學。一般美國的大學圖書館都使用該系統。該系統可檢索近二百種資料文檔。

3.MEDLARS——醫學文獻分析和檢索系統

1964 年，美國國家醫學圖書館(NLM) 實現了資料加工和計算機化檢索，建立起醫學文獻分析和檢索系統 (MEDLARS)。該系統所提供的數據庫文獻標引直接採用醫學主題詞表，檢索方式包括可以使用布耳組配法，因此很受醫學圖書館的歡迎。到八十年代已經有上千個圖書館與其連接，使用它的檢索服務。目前，該系統擁有四十多個醫學資料文檔，文獻1300 多萬篇。

4.CAS 系統

CAS 系統是美國化學文摘社於1964 年建立文獻資料處理系統。

該系統的數據存儲除了文摘和抽取關鍵詞仍由人工操作外，其他的都由計算機機器來處理。CAS系統除了提供一般的檢索方法以外，還提供一個很大的檢索化學文摘特點，就是可以用有機分子的結構作為檢索點來進行檢索，如果修改分子結構進行檢索還可檢索出新的物質和其相關的文獻。截至1991年數據庫內儲存有9900多萬篇化學文摘，1500萬多種物質。文摘社同時還發行「化學題錄」等四種書本式索引、文摘和磁帶，方便用戶使用。

　　還有許多其他的信息檢索系統。八十年代中期以後，趨於用光碟等大容量存儲器。並開始發展全文檢索。

主要參考文獻

1. Walt Crawford, *Current Technology in the Library,* G. K. Hall & Co., 1988.

2. Reynolds Dennis, *Library Automation,* R. R. Bowker Co., 1985.

3. Divad C. Genaway, *Integrated Online Library System: Principles, Planning and Implementation,* 1983.

4. Bessie K. Hahn, "Book Preservation: An International Agenda," in *The Proceeding of International Symposium on New Techniques and Applications in Library*, Oct. 1988.

5. 楊宗英主編,《圖書館自動化系統》,上海交通大學出版社,1990

年6月。

6.張鼎鐘主編,《圖書館自動化導論》,臺灣學生書局印行, 1987
年。

第二部分

當代圖書館資訊科技

第二章　圖書館區域網絡

　　面對著與日俱增種類繁多的信息資訊，沒有一個圖書館可以說「我們圖書館自己有足夠的館藏，完全能滿足讀者的需要。」 所以，為了合理解決資金與提高服務水準之間的矛盾，圖書館必須走館際合作的道路，必須去「管理」本館以外的「資源」。 高質量的圖書館都強調資源共享，不但與其他圖書館分享自己的館藏資源，也分享其他館內的各種資源。這是圖書館網絡建立的最基本思想。本章主要論述八十年代以後在北美迅速發展的區域網絡技術（英文為 Local Area Network ——縮寫LAN），和區域網絡在圖書館的應用情況。

第一節　概述

一、區域網絡和廣區網絡的定義

（一）區域網絡——LAN

　　七十年代後期，區域網絡(LAN) 的概念已經被提出來，特別是微機區域網絡。廣義的說，一個計算機網絡系統是由若干計算機，和與

之相關的電子界面、軟件，能輸送機讀數據的通訊設備，數字編碼信息數據所組成的。它的通訊設備可以傳輸大量的機讀數據包括各種字符碼的記錄、全文、圖像、聲音信號和錄像資料等。區域網絡是一種專門的計算機網絡，它的主要特點是機讀信息數據的輸送通訊被規定限制在某一個區域內，如在校園內或圖書館內或在一座建築物內。所以，區域網絡LAN 是一個自成體系的計算機網絡系統，它是某一機構或某一組織內部為自己安裝建立的一組計算機設備。

（二）廣區網絡(Wide Area Network—WAN)

區域網絡的距離一般限制在幾公里或十幾公里內，而廣區網絡（或稱寬型網絡）則不同。廣區網絡相互聯結設備之間的距離是不受限制的。比如美國的電話網——Telenet，通訊網 Tymnet, Internet, NREN 等。圖書館利用這些網絡進行著各種類型的服務，如線上編目、館際互借、書刊訂購以及傳送電子出版物的索引、摘要、全文甚至數據庫的某部分記錄或某個軟件包等。廣區網絡的論述可參見第六章「國際電腦網路」。

二、LAN 的發展簡史

七十年代末，一些政府部門、公司和研究單位開始試製區域網絡LAN。當時的主要目標是為了共同享用較昂貴的打印機和磁盤等外圍設備以及在大樓內或大樓之間方便地互通信息。諾瓦(Novell) 公司於1981年首先發展出網絡的操作系統 "Netware"，後來改稱為 "Share-net"。它主要運行在IBM 個人計算機的區域網絡上。

八十年代初,美國圖書館界注意到LAN 技術的發展並著手研究在圖書館的應用。1982 年，美國國家醫學圖書館最先應用LAN 技術建

立了區域網絡系統。八十年代末期，美國國會圖書館開始利用 LANs
為讀者提供服務。到了九十年代初期，美國許多大學圖書館都已經普
遍運用網絡技術建立起了自己的區域網絡。

三、區域網絡在圖書館的應用

圖書館在近十年來應用區域網絡 LAN 技術來進行信息管理和資
源共享，主要有以下五個方面：

（一）外圍設備的共享

許多個工作站可以共享較昂貴和高速的打印機，或共享大容量的
磁盤設備。這些磁盤存貯著目錄數據庫和信息數據庫及其他可以共享
的文件，有的圖書館還存貯自己出版的新聞簡報或時事通訊。

（二）信息資源的共享

最典型的是目前圖書館使用較普遍的 CD-ROM 區域網絡。該種
區域網絡通過文件服務器聯結多個光碟驅動器，讓多個讀者可以同時
檢索儲存在 CD-ROM 上的各種信息數據庫，為讀者提供了良好的參
考諮詢服務。有的圖書館還自己建立專門學科的信息數據庫，讓許多
讀者通過區域網絡進行檢索。在管理方面，區域網絡還能用於圖書館
的各種統計、財務、人事管理。圖書目錄或地區聯合目錄的查尋等也
可以應用區域網絡。

（三）軟件資源的共享

如果磁盤被聯結在網絡文件服務器上，放在磁盤上的各種軟件包
都可以被共享。

（四）區域網絡型的圖書館自動化系統

八十年代中期，美國不少廠商推出LAN 型的圖書館管理系統；在歐洲，英國的倫敦工藝研究中心使用IBM 兼容機和APPLE 微機組成的區域網絡系統，用於圖書出納和公用目錄查尋。

（五）擴展圖書館的資源和服務方式

有些圖書館的 LAN 與校園網連接，再連接到地區和全國性的網絡，則可讓讀者共享一些信息數據庫中心的資源，如電子雜誌、某些學科的全文數據庫等；圖書館的LAN 與校園網連接，可讓教師、學生在教室、辦公室，甚至某些教授在家裡來查尋圖書館的線上目錄或其他信息數據庫，參加電子通訊會議或有關活動。

第二節　區域網絡的基本知識和技術

一、ISO 的七層參考模式

網絡化最基本最重要的是標準化的問題。網絡點之間的通訊聯繫，各種數據信息文獻的不同格式，計算機硬軟件的不同功能型號，數據信息在網絡中的輸送轉換等等，一切都離不開標準化。因此，國際標準化組織 (International Standards Organization，簡稱 ISO) 在 1978 年為網絡化制定了七層參考模式。七層參考模式為區域網絡化提供了一個標準結構。網絡的標準化實現可以以此為基礎發展制定各種不同層次，甚至極高層次的網絡標準或網絡協議，從而解決了網絡化所面臨的不同計算機、不同硬軟件、操作軟件、數據表達、通訊聯絡

等等一系列的問題。七層參考模式是一種開放式網絡連接的參考模式（英文為Open System Interconnection Reference Model），所以也常常稱為OSI七層模式，它既適用於區域網絡又適用於廣區網絡。

從廣義上說，開放式的計算機系統可以連接另一個開放式的計算機系統。七層模式就是專為開放式系統而制定的。它把網絡的組成分為七層結構，每一層都有明確的定義和它的作用。具體實施時，是利用相應的軟件和硬件來進行運行工作的。

（一）OSI七層參考模式

表2-1簡單地闡述OSI七層參考模式每一層的定義和作用。可以看出，OSI的下四層參考模式是考慮使數據從一個網絡節點可靠傳輸到另一個網絡節點；上三層是為了轉換傳送來的數據並提供給網絡用戶。

1.實體層

是OSI的最底層，它規定了輸送數據流所需的界面聯結裝置和數據流動的必要步驟，如怎樣建立、維持、終斷數據流輸送之間聯繫的必要步驟。它包括規定信號的電平(Signal Levels)、電的阻抗等一些技術性問題。在區域網絡實施時，第一層是用電纜和硬件界面聯結裝置來實現的。

2.數據鏈結層

第二層規範了數據流在網絡中輸送和網絡點之間轉換時所必需的控制管理，如數據傳輸中錯誤的檢測和修正。第二層可分為媒介存取控制子層（英文簡稱MAC）和邏輯鏈結控制（英文簡稱LLC）子層。在區域網絡工作中，MAC子層的一切活動是通過網絡界面板或在另一個網絡節點上的適配器來實現的。LLC子層及其上OSI的高層部

分，則由軟件來實現，如網絡操作系統和應用程序。

定　　　　義	定義說明和用途
Application 應用	網絡應用程式界面或服務，包括文件傳輸、電子郵政。
Presentation 表現	數據格式、內碼及語法轉換
Session　　同步	同步控制，即建立和維護兩個節點之間的同步會話。
Transport　傳輸	使資料傳輸準確和安全，讓常規數據流通過網絡。
Network　　網絡	網絡內部傳輸，即信息從一個網絡傳到另一個網絡。
Data Link　數據鏈結	傳輸數據的結構，提供訪問實體層的界面。
Physical　　實體	實體界面，即闡述兩個網絡設備之間的實體連接。

表2-1　OSI七層參考模式

3. 網絡層

第三層主要是網絡之間的通訊規範。即一個區域網的節點與另一個區域網（或廣區網絡）的節點之間的通訊規範，它為上一層，即第四層的數據輸送提供網絡點與點之間的傳輸能力。在實際工作中這一層的執行較為重要。該層也對數據傳輸過程中出現的錯誤進行檢測。

4. 傳輸層

這一層對數據流在網絡點與點之間的實際傳輸作出規範。對數據

在傳輸過程中的質量作出控制。若有錯誤的信息被檢測出來，則要求再傳輸一次，即生成無誤差連續的數據流。

5.同步層

利用軟件執行操作，以規範建立和維護兩個網絡節點之間數據交流操作的同步進行，同時對網絡中同步產生的傳輸進行組織安排，如將數據排隊或放在緩衝器裡等。它能終止對話，也能將過早終止的會話恢復。

6.表現層

提供兼容的數據格式給應用程序。即對格式化和語法轉換作出規範。如它能將微機產生的 ASCII 碼轉換為 IBM 主機所要求的 EBCDIC 碼。

7.應用層

這一層所規定的網絡協議將直接應用到實際工作之中，它適用用戶按既定目標所制定的各種應用程序，包括各種文件傳輸、打印程序、電子郵政和信息軟件等。

（二）區域網絡的標準

美國 IEEE (Institute of Electrical and Electronic Engineers) 委員會以 ISO 七層參考模式為基礎，為區域網絡制訂了以802命名的一系列標準，也規範了區域網絡的一些基本特徵，如規定區域網絡上的設備，要獨立於數據通訊設備；在計算機網絡中，相互連接的硬件設備稱為「節點」(Node)等。該委員會還規定：在微機區域網中，節點上的設備也可以是小型機、大中型機或獨立的非計算機設備如傳真機；而打印機、磁盤驅動器和其他非獨立的外圍設備，不作為節點；LAN 的節點可以是一種「服務器」，它帶有共享的外圍設備；LAN必須能

與廣區網聯結，或與另一個LAN 聯結，即每一個區域網絡上的節點能
與另一個網絡上的節點通訊。

　　IEEE 委員會以實行區域網絡的界面和網絡協議標準化為目標，
它所制定的802 標準從圖2-1可清楚地看出正好對應ISO/OSI 的最低
三層，從高到低分別為：網絡、數據鏈結和實體層。標準802.1 主要
是闡明802 標準群與其他更高層次協議標準之間的關係以及它們與
ISO/OSI 模式的關係；討論網絡在運作過程中的聯結和管理問題。標
準802.2 對應第二層的邏輯鏈結控制子層(LLC)，標準802.3～802.6 則
對應實體層和第二層的媒介存取控制子層 (MAC)，具體的 802.3 ～
802.6 標準請見本章第二節標題五「通訊協議」

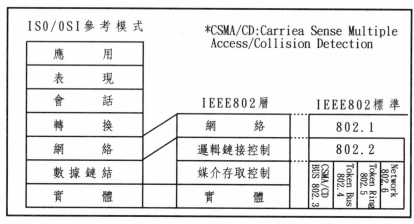

圖2-1　ISO/OSI 模式與IEEE 802 標準的關係圖

二、網絡的拓樸結構

　　區域網絡主要有三種型式：星型(Star)、環型(Ring)和總線(Bus) 結
構。近年來，也發展分布式網絡(Distributed Network)。

（一）星型（又稱集中式）結構

圖2-2所示，網絡上的節點（參見第二節標題四）都連接到中央的網絡處理設備上。首先，信息從節點傳送到中央網絡處理設備，再由它傳送到另一個節點。這就是把信息處理能力集中在中央主計算機的方式。圖中"NPU"為網絡處理器，又稱「節點」，"T"為終端，"Host"為主機。星型結構的優點不僅通訊線路的費用比較便宜，而且主要設施、資源和人員也相對集中的使用，較經濟。缺點是故障易波及整個網絡。

（二）環型結構

在網絡上的節點，以環的形式用電纜相互連接，即每一個節點連接其他兩個節點，最後一個節點是連接第一時節點。它採用附加地址的方法，把數據從環內的任一計算機送往任何其他計算機。環內任何一個NPU都具有將數據送到最終目的地的能力。如圖2-3所示。它的優點是即使一部分線路發生故障，還能利用另外的替代通訊途徑，使系統照常工作，整個系統可靠。缺點是軟件較複雜，同時因數據中繼功能能引起輔助操作比星型多，通訊費用也較高。

（三）總線結構

總線要求雙線的傳輸信息，不像前兩類型傳輸無路徑要求，見圖2-4。在總線上的節點可以將信息傳輸到其他的任意一個節點。許多總線系統，各節點為傳輸信息還彼此競爭。它的最大優點是某個節點發生故障，系統照常工作；線路忙時，信息仍可以通過整個網絡。這種結構與同軸電纜是「孿生兄弟」，被廣泛應用於LAN。通常應用的

Ethernet 網絡就屬於總線型網絡結構,存取方式則以IEEE 委員會制訂的標準802.3 ──CSMA/CD。總線結構的缺點是由於安裝線路時,阻抗匹配不規則,易對傳輸信息產生干擾;它比上述兩種型式更難於維護。

（四）分布式結構

它是星型和環型的結合,見圖 2–5。它吸收了兩者的優點,兼顧了經濟性和可靠性,且有很高的靈活性。缺點是控制系統較複雜。目前許多廣區網絡採用此種結構型式。

三、電纜系統

電纜連接了區域網絡上的設備,使它們能進行數據通訊。不同類型的電纜將對區域網絡的性能產生影響。

一般電纜系統屬於導引媒介,有三種類型:雙扭線 (Twisted-pair wiring),同軸電纜 (Coaxial Cable) 和光導纖維媒介 (Fiber Optic Media);還有一種無導引媒介,如無線電波、微波和紅外線等。

表2–2對三種導引電纜性能作比較

電纜類型	優 點	存 在 問 題
雙 扭 線	價格低、易於安裝、可利用已有線路。	在數據高速傳輸時易受干擾、易被竊聽。
同 軸 電 纜	有抗干擾能力、適合較高速信息傳輸可選用不同類型和價格。	價格和安裝都比雙扭線貴而難。
光 導 纖 維 媒 介	不受干擾、高速信息傳輸、不被竊聽、耐久性好。	電纜和安裝價格都昂貴。

表2–2

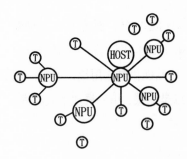

圖2-2　集中式結構的計算機網絡

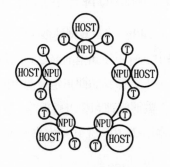

圖2-3　環式結構的計算機網絡

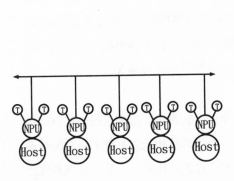

圖2-4　總線型計算機網絡

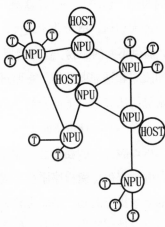

圖2-5　分布式結構的計算機網絡

圖中：NPU＝網絡處理機（節點）；T＝終端；Host＝主機

四、網絡的節點和服務器(Server)

如果一臺計算機連接在網絡上，這種連接點就稱「節點」。在區域網絡中，有兩種類型的節點：「服務器」和「工作站」。服務器是供其他網絡上的節點訪問指定資源用的；而工作站僅供特定用途，如詞的處理、數據管理和報表處理等。服務器可以是微機、小型機或中大型機；而在LAN中，工作站常指個人計算機。

（一）服務器

區域網絡 LAN 的目的是為了共享硬件、軟件資源和數據庫的資料。實現LAN 資源共享的裝備稱為服務器。它是一個硬件和軟件相結合的設備，實際是一臺計算機。它可以是一臺微機，也可以是一臺中型機或大型機，既可作為硬件，又可作為軟件包，根據不同網絡的功用，提供不同的服務，並可發揮多臺計算機的作用，如提供文件服務、打印服務和通訊服務等。在區域網絡中，文件服務器和打印服務器是最常見的服務器。下面介紹三種主要類型的服務器：

1.文件服務器(File Server)

可以說文件服務器是一個軟件包，它為用戶群檢索磁盤或其他信息存貯源提供檢索程序服務，或者為用戶群檢視從其他網絡點傳輸過來的信息提供服務。當非規範地對文件進行檢索時，軟件包能起保護作用。文件服務器最主要功能是在它的控制和保護之下允許多個用戶控制共享數據庫和程序。

2.打印服務器(Print Server)

它是一個軟、硬件的結合設備，允許在網絡上的任何用戶接通使用打印機。它的硬件包括一臺普通打印機或一臺激光打印機，軟件則

可接收或緩衝一個信息文件，信息文件通常按一定格式送給打印服務器。由於格式已確定，打印服務器上的軟件只需對用戶的打印「要求」進行排隊，然後通過硬件逐一印出。不過，有打印圖像能力的軟件就要複雜一些。

3.通訊服務器(Communication Server)

通訊服務器一般都與Modem連接，或與雙向同步通訊器連接，作為網絡中與公共電話網絡，或其他電訊通訊設備之間的連接點。它可以將獨立的區域網絡 LAN 中的網絡節點與外界各種不同的網絡連接起來，起到使區域網絡不斷擴展的作用。

服務器 (Server) 還可以提供許多服務，如通過文件服務器進行信息數據後備儲存、或傳送電子郵件、為大型複雜程序進行編譯服務等等，如上所述，不同的服務器可以提供不同的服務。

與服務器密切相關的各種網絡化服務所產生的主要問題是網絡的管理、軟件的兼容性和安全性問題，這些問題都在探究和不斷完善之中。

（二）工作站(Workstation)

工作站是區域網絡用戶直接具體使用的微機。由於服務器與網絡中其他的硬軟件擔負了幾乎所有的信息處理傳輸工作，所以低價位的微機便可以成為十分有效的網絡工作站，如低速、容量小的PC/XT或PC/AT386 等都可以作為很好的網絡工作站。許多廠商還專為區域網絡設計了不能用磁盤和不帶存貯設備的微機。

1.在網絡環境下，工作站在圖書館的作用

· 用戶的詞處理和報表存貯及打印。

· 存貯用戶的資料包括從傳真機或電子郵政來的資料或轉載入外界部分信息數據庫的資料，建立用戶的資料檔；或帶有掃描儀直接存貯

來自印刷品的資料；也包括存貯聲音和電視圖像的資料。

- 運行研究者有關學科的特殊軟件，用於研究或簡單計算等。
- 一個重要趨勢是運行某些教學軟件，由教師提出並存貯於圖書館的數據庫中，讀者可以像借書一樣，在工作站上調用所需軟件作為自學或作練習；還可運行某些學科的專家系統（見第四章）軟件；運行某些超級正文或超級媒介系統（見第五章）軟件。

2.工作站的配置

低價格的微機是LAN 的有效工作站，僅帶簡單的外圍設備，一般使用80386 以下蕊片的微機如PC/AT 等，帶有1～2MB 主存儲器；10～20MB 的磁盤；360KB 和高密度軟盤驅動器各一個；網絡通訊卡；配置點陣或小型激光打印機；串行和並行界面；有的還可以配置傳真機如Canon FAX-225（作為傳真、掃描和打印混合使用）。

至於較高速的微機，已適合作為服務器。它可支持大容量的磁盤、光盤或高質量激光打印機，讓工作站來共享這些資源。

五、通訊協議(Communication Protocol)

廣義地說，通訊協議是計算機和其附屬裝置在與其他計算機通訊時所遵循的一組規則，它基本上都依據ISO 的七層參考模式來進行制定。大範圍的網絡系統一般運用中心控制集中型通訊協議，而區域性網絡不運用中心控制，一般運用以下兩種類型的協議：確定性協議(Deterministric)，和或然性協議(Probabilistic)。確定性協議：在通過媒介傳輸信息時是由一種特殊的電子信號來控制的，這種信號稱之為"Token"，由"Token"授權信息的傳輸通過；或然性協議又稱假設性協議：利用假設性協議來控制信息傳輸，是預先假設此時網絡上並無任何信息在傳輸，因此任何網點都可以在任何時間傳送信息。

　　由於無論選用「確定性」協議，或者「或然性」協議，對網絡的
性能都將有很大的影響。所以圖書館在規劃和建立區域網絡時，必須
了解它們的不同特徵。下面介紹三種區域性網絡協議。

1. 感應型多重傳輸/碰撞檢測——CSMA/CD(Carrier Sense Multiple
Access with Collision Detection)

　　它是當前區域網絡中最廣泛執行的協議，是一種或然性協議。工
作原理：在網絡工作時，節點向傳輸信息的監控器提出請求，希望確
定通訊路徑，如果輸送媒介是空閒的，節點就可將已經格式化並含有
對方地址的信息傳輸過去。當兩個或兩個以上節點同時找到一個通道
並企圖同時傳輸時，就會產生「碰撞」，信號相互干擾，引起了碰撞反射，
碰撞反射立刻被傳輸設備檢測出來，傳輸就會馬上停止。這時所有的
設備都開始重新等待下一輪輸送媒介的空閒，以便再重新傳輸。使用
這種協議的區域網絡有以太網 (Ethernet)，星式區域網 (Star-LAN) 等。
感應型多重傳輸 / 碰撞檢測協議屬於802.3 標準。而802.3 標準另外還
有幾種規格說明，每種規格對數據傳輸速率、電纜最大長度和傳送方
法都有明確的規定。（見表2-3）

規格	傳送率(MB/秒)	電纜類型	每段電纜的最長長度(米)	典型產品
1 BASE 5	1	雙扭線	500	Star-LAN
10 BASE 5	10	厚同軸電纜	500	標準Ethernet
10 BASE 2	10	薄同軸電纜	200	Ethernet的Thinnet 版本
10 BROAD 36	10	厚同軸電纜	3600	Ethernet的Broadband 版本
10 BASE T	10	雙扭線		雙扭線的Ethernet; Star-LAN-10

表2-3　CSMA/CD協議的幾種配置

2.Token 總線——Token Bus

CSMA/CD 適用於網絡規模較小、不太繁忙的環境。而Token 總線協議則是一種網絡正在不斷擴大所需要的協議。前面已經提到"Token"總線協議是利用"Token"特殊信號來控制數據的傳輸,即以它來授權給與信息在網絡上通過。每個網絡節點都能接收或輸送"Token",若某個網絡節點需要執行信息傳輸時,"Token"就會從該節點被傳送到下一個網絡節點。為了公平使用傳輸媒介,大部分總線協議限制分派給各個網絡節點傳輸的時間。IEEE 的標準802.4區域網絡制定了"Token"的傳輸方式,即利用線性總線拓樸模式,或總線／樹狀混合拓樸模式。(參見圖2-4)

3. "Token" 環——Token Ring

上述"Token"協議應用於環型網絡模式就稱為"Token Ring",IEEE 的標準802.5 規範的即是網絡化中使用"Token"傳輸環型拓樸結構的協議。"Token"環的工作原理是,"Token"在整個網絡環路節點空閒狀態中運行,如果一個網絡節點希望傳輸信息,它必須當"Token"經過時捕捉到一個「自由的"Token"」,傳輸時,"Token"的狀態從自由變成繁忙,信息通過環路傳輸到另一個節點,該節點再產生一個信號並繼續將信息傳到下一個節點,如此重複,直至達到最終目的地(節點)。最典型的產品是IBM Token Ring。

4.光纖數據遣送式聯接協議——FDDI

上述三種協議在區域網絡中都能以不同的速度運行,並適用於幾種不同的傳播媒介。執行802.3 和802.4 標準的網絡絕大多數使用同軸電纜,而標準802.5 則使用雙扭線。為此,美國國家標準局X3T9 委員會設計制定了專為數據高速傳輸,以光導纖維為媒介的FDDI 通訊協議。

　　FDDI 協議是Fiber Distributed Data Interface的縮寫，即光纖數據遺送式聯接協議EEE。它的網絡的特點是採用雙環的拓樸結構，每個網絡節點用光纖電纜按點對點的形式連接。主環用於數據傳輸，副環也可傳輸數據，但當主環發生故障時，副環的作用是提供「容錯」，以便主環繼續工作。當網絡形成後，雙環結構可使信息繞過故障站，繼續傳輸，網絡不中斷運行。FDDI 協議向通訊媒介提出傳輸請求的方法也是採用 "Token" 協議的運行方法，類似於標準802.5 的工作原理。FDDI 的光纖媒介傳輸率高達100MB/秒，網絡區域延伸範圍200 公里，網絡節點覆蓋面最高可達500 個，兩個網絡節點之間直接工作距離2 公里。由於FDDI 具有以上這些優點，一些網絡專家已將FDDI 視為高級網絡協議，並預測此一協議可能最終會取代IEEE 的其他協議。

六、區域網絡的操作系統

（一）概念

　　眾所周知，計算機的操作系統是在計算機運作過程中，起著聯結硬件和軟件作用的一組程序。同樣道理，網絡的操作系統是專為網絡化設計的能夠控制和管理網絡運作的一組程序。在網絡運作過程中，網絡的操作系統與微機本身的操作系統是並存的，它們不會也不能互相代替，如IBM 微機用MS-DOS 操作，也可以再附加上網絡操作系統進入區域網絡。所以在各個網絡節點上必須備有一個網絡操作系統的複製拷貝。在選購網絡操作系統時，要特別注意操作系統與計算機、網絡衙接卡和網絡其他設備的兼容性。雖然不同的網絡操作系統各有優劣，但是所有的網絡操作系統均能為專門用戶使用區域網絡作出合理規劃，並向各個網絡節點提供區域網絡上的所有的資源；它能插在

計算機本身操作系統與應用程序之間，攫取用戶對資源的要求，然後引導它們到微機的網絡銜接卡上，將它們格式化後再將這些要求送到相應的服務器去執行。

（二）類別

1.同等層次網絡操作系統(Peer-to-Peer Network Operating System)

這種類型的網絡配置，計算機既作為服務器又作為工作站。任何一個網絡上的節點可以直接檢視其他節點上的資源。它對應用程序的執行非常有效，故得到廣泛應用。但是它僅適合於小規模的區域網絡。

2.基於服務器的網絡操作系統 (Server-based Network Operating System)

一些網絡操作系統必須與服務器一起工作。這類操作系統適用於負荷較重、規模較大的區域網絡。使用這類產品的網絡節點在執行打印文件、資源共享時並不起工作站的功用，因此網絡操作系統僅安裝並運行在服務器中。

七、多個網絡之間的通訊服務

「網間連接作業」(Internetworking) 是指兩個或兩個以上的網絡之間的連接作業，每一個網絡上的所有節點都能與另一個網絡上的所有節點進行通訊。

舉例來說，圖書館的線上目錄，希望提供給師生在校園內查尋，就必須將圖書館內的LAN 和校園網連接；或者圖書館將自己的LAN 與外界的區域網或廣區網連接，使讀者能方便地查尋外部的數據庫；有些大學圖書館的技術服務部門和管理部門分別使用不同的LAN，技術服務部門的工作人員需要接通打印機、查找帳戶數據檔案、存貯報

表或查財務預算檔案等，管理人員需要查找書目或圖書採購情況，就必須有網間連接通訊。下面介紹兩種「網間連接」的設備與方法：

1.LAN-TO-LAN

區域網絡的「橋樑」(Bridge) 是LANs 之間最簡單的網間連接設備。它是一個由微處理器控制的設備，可連接兩個或兩個以上的LANs，見圖2-6。「橋」監控著整個網絡所有信息的流通輸送，當信息通過「橋」的時候，微處理器就會重新發出傳輸信號，將信息傳輸到指定的節點。「橋」在具體的網間連接作業中，實際上扮演著一個邏輯網絡的角色，對用戶來講它是透明的，似乎並不存在。「橋」作為網間連接在網絡化OSI 七層參考模式中的位置屬於第二層中的媒介存取控制層（即MAC）。

「橋」可以作為獨立設備購買，也可以作為電路板設計安裝在文件服務器上。例如按國際X.25 規程設計的X.25 橋的設備，就是一種典型的區域網絡之間的連接器。

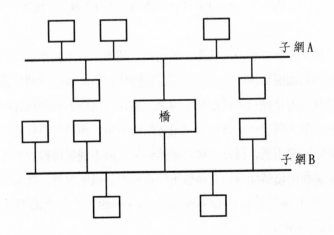

圖2-6　兩個LANS的橋連接

2.LAN-TO-WAN

區域網絡與廣區網絡之間的連接，最典型的連接裝置是網間連接器(Gateway)。它是一個硬件和軟件的綜合體，起到連接區域網絡與廣區網絡，或連接區域網絡與區域網絡以外大中型計算機的作用。見圖2-7。

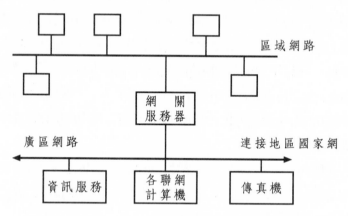

圖2-7　網間連接器使LAN與久界計算機系統連接

它通常扮演「通訊服務器」的角色，使用戶群能共享通訊設備和相應的調制調解器(Modems)。以網間連接器(Gateway)連接的網絡群可以且實際上是使用不同的通訊協議。區域網絡與廣區網絡連接，通訊傳輸的最大問題在於無論是租用電話線連接，還是利用其他方法連接，傳輸率都很低，因此就會降低傳輸量，產生通訊傳輸效率問題。

圖書館的區域網可以有各種不同類型的通訊服務器，最常見的有兩種：異步網間連接器(Asynchronous Gateway)和主網間連接器(Host Gateway)。

異步網間連接器是一臺微機，配置特殊網間適配器電路板、軟件

和一個或多個調制調解器 (modems)，實際上是一臺專有服務器。它能連繼性異步接通以電話線為傳輸媒介的其他大型計算機網絡系統，如OCLC、RLIN 等。

有些區域網絡內本身含有中大型計算機，並祇將它們視為自己的一個網絡節點。所謂「主網連接器」便是連接這種區域網絡與主機之間的連接器。它也可以被看作是一種配有雙同步通訊器的通訊服務器。通訊連接通常使用同軸電纜。

第三節　幾種區域網絡的介紹和在圖書館的應用實例

一、概述

上節介紹了區域網絡的一些基本知識，本節將應用它們來說明幾種區域網絡的性質和特徵。

區域網絡可以把它分為兩種類型，一種是完全遵循 IEEE 標準的區域網絡，另一種稱之為專賣產品（即沒有完全遵照 IEEE 標準的區域網絡）。

第一種類型的產品遵循IEEE 802 標準，在這類產品中，有些廠商提供成套硬件和軟件設備；有些廠商僅提供依據 IEEE 標準的一些部件，如網絡界面板等。這些部件較便宜、兼容性又強，給用戶提供了較大的靈活性，目前已被廣泛地應用於圖書館。第二種類型產品採用它們自己的媒介通訊協議，並要求特定的硬件和軟件，有些產品在

IEEE 標準推出之前就已經出現了。

二、區域網絡產品介紹

本節將介紹三種目前圖書館常用的區域網絡產品並對它們的性能作些比較。

（一）以太網(Ethernet)

以太網是七十年代中期為公司辦公室自動化開發的，在八十年代得到廣泛應用的區域網絡產品。它遵循 802.3 標準，主要優點是讓用戶可以有選擇地選擇通訊媒介和網絡拓樸結構，其網絡技術與所有主要的網絡操作系統都能兼容。由於許多廠商生產提供兼容的硬件和軟件產品，因此選用以太網價格便宜。對圖書館而言，由以太網可運行在 IBM 的兼容型微機、Macintosh 微機、各種中小型計算機和工作站上，它就更具有吸引力。表2-4 中列有三種規格的以太網(Ethernet)。

（二）IBM Token Ring

這是IBM 的區域網絡產品，它執行Token Ring 協議，即遵循IEEE 802.5 標準，適用於較大規模的區域網絡。Token Ring 網絡可連接IBM 的兼容微機，IBM 大中型計算機（如IBM/370, IBM/9370 處理器）和小型機（如IBM AS/400, System/36 和Series-1）等。如果公司或大學內的主機是 IBM 的產品的話，那麼該公司或大學的所屬圖書館使用 Token Ring 網絡便可以有許多有利的地方，易於計算機聯網。據預測，此種產品九十年代中期將被更廣泛地應用。雖然它是IBM 公司設計的產品，但 Token Ring 網絡是一種開放式結構，可連接各種非IBM 的設備。Token Ring 網絡目前有四種規格的產品，見表2-4。

網絡 類型和規格 ＼ 特徵	IEEE 標準	網絡 拓樸結構	傳輸媒介	媒介 訪問協議	數據 傳輸速率	網絡節點 最多個數	最長電纜 分段(米)
Thick Ethernet	10 BASE 5	Linear bus	RG-11 同軸電纜	CSMA/CD	10MB/秒	1024	500
Thin Ethernet	10 BASE 2	Linear bus	RG-58 同軸電纜	CSMA/CD	10MB/秒	1024	200
雙扭線 Ethernet	10 BASE T	Star	UTP*, STP*	CSMA/CD	10MB/秒	1024	100
Token Ring (1)	802.5	Star/ring	IBM Type-1	Token passing	4MB/秒	260	300
Token Ring (2)	802.5	Star/ring	UTP	Token passing	4MB/秒	72	150
Toran Rint (3)	802.5	Star/ring	IBM Type-1	Token passing	16MB/秒	260	300
Token Rint (4)	802.5	Star/ring	UTP	Token passing	16MB/秒	72	150
ARCNet (1)	none	Star	RG-62 同軸電纜	Token passing	2.6MB/秒	255	610
ARCNet (2)	none	Daisy chain	RG-62 同軸電纜	Token passing	2.6MB/秒	255	150
ARCNet (3)	none	Star	UTP	Token passing	2.6MB/秒	255	n/a
ARCNet (4)	none	Daisy chain	UTP	Token passing	2.6MB/秒	255	150

表2-4　幾種區域網絡的特徵和比較表

*：見英漢詞語對照表

（三）ARC Net

它是專賣區域網絡產品，不使用 IEEE 標準，但在圖書館也得到廣泛應用。它既適合較大型的區域網，也適合於小型區域網，型式上兼顧了星型和總線型的拓樸結構。硬件也廣泛使用IBM 兼容機如IBM PC/XT, PC/AT, PS2 和Macintosh 計算機等，系統價格便宜且可靠。ARCNet 使用 Token 協議，但不遵循 IEEE 的 Token Ring 和 Token Bus 標準。它開發得比較早，約在七十年代末和八十年代初。表 2-4

列有四種規格的ARCNet。

三、韋爾斯利(Wellesley) 校園網和圖書館網絡

（一）簡況

八十年代初，Wellesley 校園使用集中式的計算機系統，主機為DECSYSTEM 20，採用PRIME信息管理系統。八十年代中期，主機升級為VAX8550，各個系和實驗室購入了一批MICROVAX和DEC工作站，MICROVAX 運行 UNIX 操作系統，而管理系統也升級為PRIME 6350 並帶有130型的區域網絡。1986 年，校園內就已經建立起三個區域網絡：一是微機實驗室的區域網，它連接 26 臺 IBM 和AT&T 個人計算機，並有文件服務器和打印服務器；二是學校計算中心的區域網，除主機外，還連接三臺超級微機MICROVAX II 和數字終端服務器；第三個是聲音和圖像實驗室的區域網，此一網絡連接七個APPLE Macintoshes。

（二）校園網

1988 年建立校園網，見圖 2-8，它是一個廣區網絡（稱為Wellesley's College Campus-Wide Network）。它由兩部分組成：主幹線（廣區網）連接建築物之間的通訊線路；建築物內的區域網絡 (LAN)，連接各個辦公室、教室和實驗室並連接到主幹線上。

主幹線使用寬帶同軸電纜 (Broadband Coaxal)，這種電纜允許多個信號同時在一根電纜上傳送，校園的有線電視也通過此電纜。建築物內的線路有三種通訊方法：聲音以及低速和高速的數據傳輸。聲音的線路代替現有的電話線路並且留作將來擴充用；低速線路連接終端

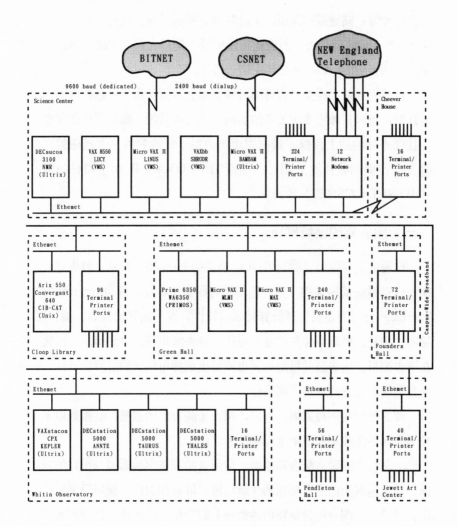

圖2-8 韋爾斯利校園網分佈圖

或微機，並連接到LAN和WAN的網絡上，以共享資源如高質量的激光打印機等；高速線路是用於主計算機之間的連接。從圖2-8可見，Wellesley校園網是由一個廣區網絡和若干個以太網組成的校園網絡系統，圖書館的LANs也是其中的一部分。

校園網的最大得益是查尋圖書館的線上目錄。用戶可以在圖書館的終端，也可在教室或辦公室的微機上，有些教授、職員還可在家中查找圖書館的線上目錄；校園網還用於電子郵政；共享主機磁盤、激光打印機和軟件等；還可以通過MICROVAX II 與全國科技網（BITNET和CSNET）連接。

（三）圖書館的區域網絡

韋爾斯利學院圖書館利用DEC公司的3100型工作站，首先建立期刊管理系統的區域網。這一區域網有四臺工作站，採用Innovative Interface 公司的期刊管理計算機系統軟件，進行期刊的採購、編目、驗收、補缺、裝釘等作業，並可提供讀者查詢現刊的收到情況。以後在圖書編目、讀者公共目錄和圖書流通出納採用相應的計算機軟件，使整個圖書館管理實現了網絡化。

圖書館網絡與校園網的連接，擴大了圖書館的服務，該館對以下幾個方面的工作正在不斷進行與改進之中：

1.與校園網緊密配合和協調，使圖書館網絡與校園網有很好的界面，並在區域網內開發相應的「選項單」屏幕和軟件，使用戶便於使用；同時，在圖書館建築物內的微機上開發相應的軟件，以便進入校園網檢視；

2.在館內建立大量的信息資源，如線上目錄數據庫、CD-ROM數據庫和有關專業的索引、文摘或全文信息數據庫，以便提供更多更好

的服務；

　3.建立用戶的服務管理和培訓；

　4.與校園網配合，連接地區和國家的網絡，以便查尋大型數據庫中心的信息，如CARL 電子雜誌中心，提供更高質量的信息服務。

主要參考文獻

1. Jacob, M. E. L., ed., *Telecommunications Networks: Issues and Trends,* White Plains, N.Y., Knowledge Industry Publications, Inc. for the American Society for Information Science, 1986.

2. McNamara, John E., *Local Area Networks: An Introduction to the Technology,* Digital Press, 1985.

3. Saffady, William, "Local Area Networks: A Survey of the Technology," *Library Technology Reports*, Vol.26, No.1, Jan.–Feb., 1990.

4. Joe A. Hewitt and Greenwich, Conn. ed., "Advances in Library Automation and Networking," *A Research Annual*, Vol. 3, JAI Press, 1989.

5. Arms, Carolyn, ed., *Campus Strategies for Libraries and Electronic Information,* Digital Press, 1990.

6. Tracy L. LaQuey, *The User Directory of Computer Networks,*

Digital Press,1990.

7. Richard C. Schofield, Ji., "Today a Network, Tomorrow Distributed Computing: The Computing Model at Wellesley College," *Information Technology*, Vol. 9, No. 3, Fall, 1990.

8. Charles R. McClure, Ann P. Bishop, Philip Doty, Howard Rosen baum, *The National Research and Education Network (NREN): Research and Policy Perspectives,* Ablex Publishing Co., 1991.

9. Larsen, Ronald L., "The Library as a Network-based Information Server," *EDUCOM Review*, Vol.26, No.3/4, Fall/ Winter, 1991.

第三章　光碟技術及其在圖書館和資訊的應用

　　八十年代以前的計算機系統，基本是在磁性領域裡，它們的記錄系統都帶有許多磁盤和磁帶。八十年代以後出現了應用激光來進行信息記錄存儲的技術和相應的檢索系統。激光的存儲技術簡單地說就是使用激光來記錄信息，在一種特別設計的存儲媒介上，通過變換光反射的不同特性，用激光光束識別記錄信息。其原理很像磁性的讀／寫磁頭，讀／寫磁頭是通過接收金屬粒子排列磁差來識別記錄。激光存儲媒介的形式一般有三種，它們分別稱為「光卡」、「光帶」、和「光碟」（光碟也可稱「光盤」）。目前，在圖書館資訊領域被廣泛運用的是「光碟」，本章著重介紹光碟技術和光碟在圖書館資訊領域的應用情況。

　　激光光碟按其應用情況和功能，可以分為：

　1.唯讀型光碟（英文為 Compact Disk-Read Only Memory——即 CD–ROM）

　　這種光碟信息數據已預先永久性儲存在光碟上面，專供閱讀使用，它不具備將數據寫入的能力。

2.讀／寫型光碟

讀／寫型光碟又分為一次寫入光碟（英文全文為 Write Once, Read Many——縮寫為WORM）和可擦寫光碟（英文為Rewritable或 Erasable）。一次寫入型光碟可以將數據寫入一次，被寫入的區域不能再寫新的記錄，完成寫入工作後，光碟便可以進行多次的閱讀；而可擦寫光碟十分明顯地告訴用戶，它與計算機的磁盤一樣，光碟上所有的區域都可以寫入數據或抹去後再重寫。

唯讀型光碟包括很多種類，有激光聽音唱碟(CD-DA)、激光視唱碟(CD-V)、交互式激光光碟(CD-I)和其他不同性質的光碟，它們都不在本章的敘述範圍之內。

第一節　光碟的技術特徵

光碟的技術特徵有以下幾個方面：

（一）儲存的密度極高

光存儲媒介最重要的特徵是高密度的存儲，在同樣的面積裡，其存儲密度要比磁媒介存儲密度高的多。磁媒介每平方英寸的存儲量很少能超過六千萬比特(bits)，而光媒介的則可以達到兩億比特／平方英寸。在圖書館和信息資訊領域，光碟是非常理想的信息儲存媒介，不但在它嬌小的體積上可以存放大量的文字和圖像信息，它還可以用來作為大規模電子信息檢索系統的儲存設備。

（二）具備與磁媒介類似的存儲優點

與磁帶、磁盤一樣，光碟也是一種可變性存儲媒介，能夠存儲各

種數據、圖像、和聲音信號。所有磁媒介能夠儲存的信息記錄，光碟
媒介同樣也能夠儲存。光碟中，唯讀型光碟上的數據圖像或聲音信號
是預先用專門的設備製作而成的，讀／寫型光碟的製作是利用計算機
等設備在光碟上書寫、製作成的。一般讀／寫型光碟中的一次寫入型
光碟(WORM)，製作時寫滿一個存放一個供檢索之用；若是發現先前
的記錄有誤，只有重新再寫一個新盤。而可擦寫型光碟，相對就比較
靈活，先前記錄的內容某些段落可以被擦去，在這些空出的段落裡可
以再寫入新的信息或進行修改。

（三）物理特徵

　　唯讀型光碟CD-ROM的直徑通常為4.75英寸，厚1.2毫米。1987
年以後，推出使用一種直徑3.5英寸，厚1.2毫米的光盤，它們的存放
量分別為540MB和180MB。一次寫入型光碟WORM通常有四種尺寸，
它們的直徑分別為：14英寸，12英寸，8英寸，和5.25英寸。越新的產
品存儲密度越高，比如14英寸的光碟，其雙面存儲量加在一起達
8.2GB(8200MB)，而最早出現的12英寸的光碟，其雙面存儲量僅為2
至7GB。5.25英寸的光碟主要用於微機，存量為1.2GB。可擦寫光碟
有兩種，直徑分別為5.25和3.5英寸，前者存儲能力為512MB至1GB，
後者存儲能力為128MB。

（四）結構特徵

　　唯讀型光碟CD-ROM的製作過程是先製造出光碟母盤,它被稱作
「玻璃光碟母盤」，　然後再用母盤作為樣盤大量複製成可使用的金屬
光碟。複製而成的光碟由三部份構成，它們是一層薄的反射金屬材料、
一層保護薄膜和一層基底材料。反射金屬材料通常用鋁，早期產品中也

有用金、銀、鉑等其他金屬；保護層通常使用丙烯酸衍生物(Acrylic)；底座材料用的是聚酯(Polycarbonate)。

　　讀／寫型光碟也由三個部份組成：它的一層記錄材料能吸收激光並將它轉換為熱能，產生一個記錄區並檢測由激光照射區域的反射變化情況。唯讀型光碟不存在這一記錄層。其二是它的基底材料，作為記錄塗層的底座。還有一層或多層記錄材料的保護層。也可作為基底材料的補充，同時，當記錄信息被讀出時，可增加反射變化率的檢測。

（五）光碟的壽命

　　在合理的應用和妥善的管理之下，一般CD-ROM光碟的使用壽命為25年，WORM光碟為50~100年，可擦寫光碟為10~25年。

第二節　CD-ROM光碟技術及其應用

　　唯讀型光碟的應用面非常廣，其產品從聽音光碟、視聽光碟到多媒體數據光碟等等，品種繁多，類型各異。因此，用統一的技術標準來製作生產各種光碟，顯得十分重要，它直接關係到用戶能否共享不同廠商推出的設備和產品。從圖書館的角度講，統一的技術標準關係到能否在同一設備上運行使用不同的光碟數據；從廠商的角度講，統一技術標準可以推動使用標準化部件，降低產品成本。

一、CD-ROM的技術標準

CD-ROM光碟的技術標準化涉及到它的三個方面：即光碟的物理格式、邏輯格式和應用格式。目前對CD-ROM光碟物理格式和邏輯格式的控制有三組技術標準。第一組是由菲力浦和索尼公司制訂的「關於光碟的物理結構和數據存儲格式工業標準」，通常被稱為紅皮書、黃皮書和綠皮書；第二組是由許多專家共同制定的「高塞拉標準」(High Sierra)，該標準規定了在CD-ROM光碟上文檔的邏輯形式和目錄排列結構；第三組是國際標準化組織制定的「ISO-9660標準」，它是CD-ROM的標準文檔格式，適用於不同的廠商。

（一）紅皮書、黃皮書和綠皮書

這一組標準制定的用意在於確保光碟能夠兼容使用於不同廠商生產的光碟驅動器和光碟唱機。為了這一目的，菲力浦和索尼公司對三種不同類型的光碟分別提出標準，這三種光碟分別是數字聽音光碟 (CD-DA)，唯讀光碟 (CD-ROM)，和交互式的光碟 (CD-I)。這三個標準分別被命名為「紅皮書」，「黃皮書」和「綠皮書」。

「紅皮書」描述 CD-DA 的物理結構，規定光碟的大小尺寸、數據儲存的物理分佈以及存儲區域的特徵，它已被國際電子技術委員會採用作為光碟的正式標準之一。

「黃皮書」規定了CD-ROM的物理特徵，其內容基本與CD-DA一樣。「黃皮書」對CD-ROM的物理特徵提出了兩種模式，其中，模式2的規定與CD-DA完全一樣，模式1則為CD-ROM光碟數據存儲限定了層次較低的最基本的形式。

「綠皮書」是為CD-I光碟制定的標準，在「紅皮書」和「黃皮書」

的基礎上，它附加了多音頻特性的格式規定說明，對圖像的存儲壓縮以及運動視頻限定都作了規定說明，還對使用這種光碟的微機系統也作了說明。

（二）「高塞拉」標準(High Sierra)

以上的幾項標準主要闡述數據存儲的初級物理格式和低層次的存儲形式，並不涉及數據形成文檔時的高層次邏輯結構和文檔目錄編排。「高塞拉」標準就是與該邏輯結構和文檔編排有關規定，它規範了在 CD–ROM 上如何將數據編組成文檔和文檔目錄，統一了與UNIX系統、MS–DOS操作系統相兼容的技術標準。

（三）ISO–9660標準

國際標準化組織的「ISO–9660標準」是以「高塞拉」標準為藍本，在1987年底制定的。國際標準化組織對後者只作了少量修改，因此兩組標準基本相同。採用ISO–9660標準製作的CD–ROM光碟可以統一運行在不同的操作系統和微機上，比如，既可以在IBM的個人電腦上運行，也可以在蘋果個人電腦上運行。但是，由於CD–ROM上的文件格式與電腦操作系統的文件格式並不相同，所以使用時還得再加上一個軟件，把光碟上的文件格式轉換為對應操作系統的文件格式。

二、CD–ROM的數據結構和用戶界面

光碟上的數據結構編排決定了信息的存取方法和光碟的應用性能。在唯讀型光碟上存儲的數據信息，歸納起來有三大類，它們是正文、圖像和聲音，而光碟上的數據整體結構又可以分為全文檢索型(Full-Text Databases) 和單記錄編組檢索型 (Structured，Record-Oriented Databases)兩種。全文檢索型光碟上的數據一般都是尚未經過編

排組織的全文文獻，這種數據通過單一檢索便能檢索出文章全文。單記錄編組檢索型光碟上的數據都經過嚴格編排和組織，通過對單記錄上各個檢索點的檢索，可以檢索出非常定向、具體的信息。在CD-ROM上存儲大量的單記錄編組檢索型數據，必須要編排組織索引和編排檢索軟件程序，這是判別唯讀型光碟優劣的關鍵所在。本節著重討論單記錄編組檢索型光碟數據的結構、索引編排和檢索方法。

（一）單記錄編組檢索型光碟數據的結構和排列

　　單記錄編組檢索型光碟上的數據結構較典型的是以文檔形式來排列，每個文檔又由許多不同的數據記錄組成，每個記錄劃分出不同的區域。形象地說，它的結構很像井字型，橫向格內儲存著與每個單記錄有關的數據信息，豎向格內儲存著同一性質或同一類別的數據信息。從表3-1中可以看出其結構分佈：

記錄	股票名	交易所	價格	紅利	指示區	股票評論
1	A	紐約	34	1.04	1~3	………
2	B	芝加哥	12	0	4~5	………
3	C	紐約	28	0.44	6~12	………
4	D	紐約	15	0.78	13~24	………
5	E	芝加哥	22	0.63	25~30	………

表3-1

由上表中可以清楚地看出，每個記錄都擁有不同的區域，其中除了表中第六格的數據屬區被稱為「指示區」外，其他的都稱作數據區。數

據區內的數據經過編組和排列，可以用索引和檢索點實行檢索的，就是被稱之為單記錄編組檢索型光碟的數據。如果單記錄數據區內的數據沒有經過編組和排列，通常它會是無法分類編組又較難分割的長串數據，在光碟上它通常用一種「全文數據轉換」的方法來編製索引，這種未經編組的數據結構就稱之為「全文檢索數據」或「全文檢型數據結構」。

表3-1中單記錄編組「指示區」內的信息十分重要，它不但表明具體數據在單記錄中的位置，同時與該記錄在整個數據結構中有著密切的聯繫。不過數據在數據結構中的具體位置還可以有其他方法來顯示，比如用數據文檔識別號或者直接用文檔名等等。

由於CD-ROM上的數據結構是單記錄分區域來編組的，這樣的結構就需要所有的CD-ROM的數據檢索系統具備多種檢索功能，它們是「單鍵檢索功能」、「多鍵檢索功能」、「佈爾邏輯功能」和「不同數據庫的相關檢索功能」。

※光碟數據的索引編製：

CD-ROM數據的索引編製是判別光碟數據存儲和檢索功能優劣的重要標誌。索引的編製不但大大加快了用戶檢索數據的速度，而且為檢索提供了更多不同層面的檢索歸類和檢索點。在CD-ROM數據儲存過程中，通常應用的有兩種索引，一種是適用於單記錄編組型數據儲存的「關鍵符索引」，一種是適用於全文檢索型數據儲存的「倒排法索引」。「關鍵符索引」依據經過編組後數據區中的不同關鍵詞組成索引，「關鍵符」可以是每條記錄的順序號、也可以是每條記錄中的各種不同內容，比如表3-1中的股票名A、B、C等。因此，不同的索引就由其相應的關鍵符和它們所屬的記錄在整個光碟數據結構中的位置所組成。光碟的檢索系統通過對所需「關鍵符」的檢索，便可以有效地檢索出所有與之有關的數據記錄。

　　「倒排法索引」實質上是一種多層次索引。高層的索引控制引導著低一層次的索引，當檢索系統開始檢索時，首先對高層索引進行掃描，然後通過高層索引進入低層索引才能檢索出所需數據的數據量，從圖3-1中可以看出「倒排法索引」的工作方法。相當大一部份應用「倒排法索引」的光碟數據都採用數據文獻的名稱或標題來作為最低層的索引結果。這樣做的好處是索引製作比較容易，但是很明顯，它無法為檢索提供更多的選擇和更好的效果。

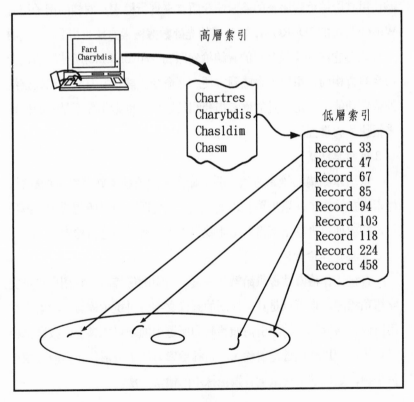

摘自CDROM, Vol. 2 (Optical Publishing),85

圖3-1雙層倒排法索引

（二）用戶的檢索方法

目前用於 CD-ROM 數據庫的檢索方法主要有三種類型，它們是「命令式語言」、「選項單結構」和「直接操作檢索法」。

1. 命令式語言

用「命令式語言」實行檢索的光碟一般淵源於和它們有關聯的線上數據庫檢索系統。比如：Dialog 檢索系統的光碟產品理所當然的應該使用其聯線檢索服務的檢索命令語言來實行檢索，同樣的例子還有 Wilson 公司的 CD-ROM，該公司的光碟數據檢索方法也用「命令式語言」，因為它必須和該公司的聯線檢索服務(Wilson Line)所使用的檢索命令語言相同，用戶才會感到方便。「命令式語言」有較強和較靈活的檢索功能，但是大量的檢索指令和較繁瑣的檢索步驟不是一般檢索者很快能夠掌握的。

2. 選項單結構

選項單結構的檢索方法克服了命令式語言檢索較難掌握的缺點，檢索者在檢視了「選項單」以後，就立刻會明白自己所想要的選擇項目，初次使用者甚至不需要培訓就可以正確有效地進行檢索。

3. 直接操作檢索法

直接操作檢索法提供給讀者一個或一組圖像標識，它們可以是文字選項標識，也可以是互交控制的圖像文字合併選項標識。檢索者利用鼠標，將屏幕上的指引箭頭移動到所選中的項目標識上，按動鼠標進行檢索，以此代替鍵盤輸入。這種檢索方法十分形象化，而且很容易掌握，是目前最受歡迎普遍被採用的檢索方法。

三、CD–ROM網絡

唯讀型光碟 CD–ROM 的應用不僅僅是人們經常所指的單獨光碟檢索和單一的光碟應用，CD–ROM還可以和網絡技術相結合組成綜合性光碟數據庫供多用戶同時使用。這種以唯讀型光碟作為檢索對象，結合了網絡技術建立的小型獨立網狀檢索系統就是CD–ROM網絡，也可以稱它為「唯讀型光碟獨立檢索網」。

既然是要向多用戶提供服務實行資源共享，CD–ROM網絡的基本硬件配置就必須至少得由兩個，或兩個以上的工作站或個人電腦，再加上光碟數據驅動器（常用的有「塔式」驅動器）所組成。各硬件之間用電纜和網絡硬卡連接，並使用相應的電纜和傳輸協議（詳述請參見第二章）。

CD–ROM區域網絡的主要方案

1.CD–ROM網絡服務器

如果已有現成的LAN或準備一臺計算機作為CD的服務器，來實現CD–ROM光碟網絡系統。從圖3–2看出，CD服務器並不需要網絡文件服務器的支持，Meridian公司設計的CD服務器是直接被附在一個多驅動器的「塔」(Tower)內，允許22個驅動器被訪問。美國東北大學主圖書館就是這類的配置。在這種情況下，各種數據庫的檢索軟件和微軟公司的外聯軟件必須全部被裝在每一臺工作站內。

2.聯接多個CD–ROM驅動器的區域網絡

每個工作站連接一個CD–ROM驅動器，它可通過網絡訪問任意一臺驅動器上的光碟。見圖3–3，如"Opti-Net"就是這樣的配置，使用NETBIOS網絡軟件。這個配置的優點是可充分利用現有的單個

CD-ROM驅動器。每個工作站僅需要安裝某一種數據庫的檢索軟件。

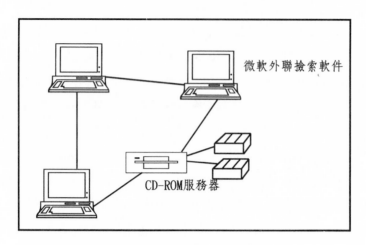

圖3-2 CD-ROM網絡服務器方案

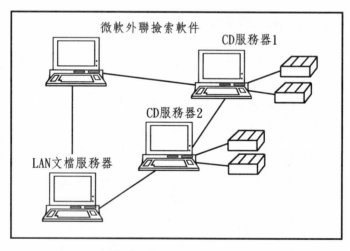

圖3-3　連接多個驅動器的LAN

3.小型和中大型計算機連接CD-ROM方案

從圖3-4可見，將CD-ROM驅動器與主機連接，所有與主機連接的終端，都可訪問CD-ROM光碟。但要求在CD-ROM驅動器與主機之間建立一個界面。

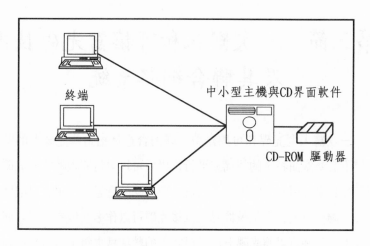

圖3-4　小型或大中型計算機連接CD-ROM方案

四、CD-ROM光碟圖書館應用實例

CD-ROM光碟是在圖書館得到最廣泛應用的一種光碟。除了獨立的單用戶唯讀型光碟應用以外，CD-ROM的光碟檢索網絡是圖書館信息資訊服務的主要手段之一。以美國麻薩諸塞州布蘭代斯大學的圖書館為例，該館屬於研究型圖書館，於1989年開始建立以CD-ROM為檢索對象的館內獨立網絡，目前分別在總圖書館和科學圖書分館安裝了兩臺區域網絡服務器聯結著六座「塔式」驅動器，每座驅動器可以帶動七張唯讀型光碟，也就是說讀者在館內設置的二十多個檢索終端上同時可以檢索多達四十二張光碟上的數據資料。該圖書館 CD-ROM

網絡採用瑪利蓮數據公司(Meridian Data)的軟件聯結，並選用諾瓦爾公司的操作軟件 (Novell NetWare) 支持薄型的以太網 (Thin Wire Ethernet)，不同CD-ROM光碟的檢索軟件全部安裝在區域網絡服務器內。

第三節　一次寫入和可擦寫光碟技術及其聯合網絡系統

　　一次寫入型光碟和可擦寫型光碟的含意是指這些光碟上的數據存儲不需要廠商特定的設備來進行，用戶可以自行將數據寫到光碟上面儲存起來使用。很明顯，一次寫入型光碟的意思即使用者只能將數據寫入儲存一次，但是數據儲入以後光碟可以作多次檢索使用；而可擦寫型光碟卻可以將光碟上自己已寫入的數據抹去後重新再進行新的數據寫入存儲。

一、一次寫入型光碟

　　一次寫入型光碟 (英文縮文為WORM) 大約出現在七十年代末和八十年代初期，這種經過特別設計的空白光碟能夠接收計算機掃描輸入或鍵盤輸入，或其他自動化輸入裝置輸入的機讀數據。數據一旦被寫入光碟，就永遠刻製在光碟上，再也無法更改。寫入光碟的技術方法是採用激光書寫器在薄型碲合金片上進行澆融，從而形成可供檢索的光碟媒體。數據的轉換，無論是通過掃描輸入還是採用其他方法輸入，都必須有相應的軟件配合，才能形成有效的檢索途徑。由於一次

寫入型光碟上的某一數據段寫入形成以後無法更改，想要對它進行更新或修正就必須在光碟的其他空白字段寫入新的修正數據，然後還得再設法將新舊數據聯接在一起以供檢索。這種特定的性質決定了一次寫入型光碟的應用範圍，用它來製作儲存政府的和各行各業的法律文件，特別是保險公司、銀行、貸款公司的文件，私人或團體的檔案，醫療記錄和病歷圖像，技術工程圖紙和一些經過嚴格限定的數據文件，或者作為此類文件的備用拷貝，這種光碟是很好的選擇對象。

　　用一次寫入型光碟WORM來存儲信息數據，數據輸入的技術問題在於選擇相應的計算機硬件和軟件，並且在合理儲存與有效輸入之間建立良好的界面。其硬件設備的配套包括各類型的計算機、光碟主適配器、驅動控制器和其他的一些硬件界面。軟件的配套和軟件界面的建立，是光碟數據儲存最關鍵最主要的部份，這是因為WORM光碟存儲必須與不同的計算機操作系統，如 MS-DOS、OS/2、VAX/VMS、UNIX等協調統一文檔格式和輸出關係。目前，SCSI（英文全文為Small Computer System Interface）是被普遍採用的一種光學存儲界面，它已經被美國國家標準局接受作為光學存儲系統的標準之一。該標準局下屬的 X3B11 委員會和國際標準化組織為統一寫/讀型光碟的使用制定了光碟標準，一次寫入型光碟的標準尺寸為5.25英寸、12英寸和14英寸三種，可擦寫型光碟的標準尺寸為5.25英寸和3.5英寸兩種。寫/讀型光碟的光碟驅動器和一次寫入型光碟的標準也同時作了統一和規範，以便人們互相使用不同的產品。

※美國國家醫學圖書館的應用實例

　　美國國家醫學圖書館在八十年代末期較成功地用 12 英寸 WORM 光碟來轉換存儲瀕於解體的國家級生物醫學文獻。圖書館依據當時的

一次寫入型光碟技術和相應的計算機硬軟件技術，研發出自己的大型
WORM光碟信息存儲檢索系統，該系統具有很好的存取性能，其檢索
系統不但可以對光碟數據進行引文索引檢索和圖像擴張壓縮檢索，還
與區域網絡聯線連接為多用戶提供檢索服務和執行高速線上文獻傳
遞。美國國家醫學圖書館的WORM光碟系統採用IBM的人工智能個人
電腦作為工作站來控制數據的輸入和準確性，數據從文獻掃描輸入一
直到轉換寫成WORM光碟，是整個系統設計的核心部分，稱作文獻轉
換系統(DCS)，如圖3-5所示。文獻轉換系統DCS系統的成功之處在於
完成了將印刷型文獻轉換為電子圖像文件再存放進 WORM 光碟中的
所有軟件設計和界面建立。該系統由幾臺獨立電腦工作站組成，其工
作流程見圖 3-5 —— 把文獻經過掃描以圖像形式輸入電腦終端，然後
傳遞到數據質量控制終端進行出錯檢測，完成以後再傳送到檔案生成
終端進入最後的WORM光碟寫入。該系統可以有兩種工作方案，其一
是利用磁盤來作為掃描後的文獻圖像在各終端之間的傳遞媒介，最後
轉換到盒式光碟上；第二種方法可以利用 10MB/ 秒傳輸率的 Token
Ring區域網絡與所有的電腦終端連接，用一個文件服務器，在網絡的
環境下進行文獻轉換，見圖3-5。

二、可擦寫光碟技術

WORM 光碟與可擦寫光碟的唯一共同點是兩者都是利用激光在
空白的光碟上存儲信息。但是，兩者的存儲方法、數據再現、應用範
圍，甚至某些物理特徵都有所不同。可擦寫光碟實質上與常用的計算
機軟磁盤十分相似，因為兩者都可以接收數據輸入儲存，而儲入的數
據又可以被完全抹去，使它們重新再接收新的數據輸入。用軟磁盤來
存取數據雖然十分方便而且非常有效，但是仍舊有它固有的缺點，比

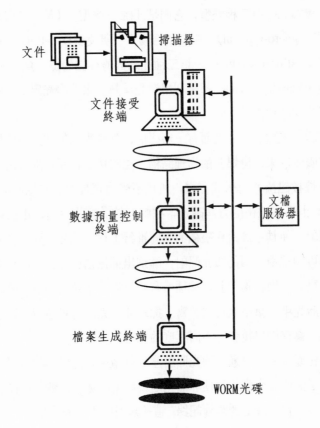

文件

掃描器

文件接受
終端

數據預量控制
終端

文檔
服務器

檔案生成終端

WORM光碟

圖3-5　文獻轉換系統

如，軟磁盤的媒質和磁頭都不夠理想容易損壞等。與可擦寫光碟相比，
軟磁盤最相形見絀的是它的儲存量。由於軟磁盤上的信息數據存儲記
錄格式屬於縱向排列，使得它的存儲密度大大低於光碟的激光存儲密
度。兩者相比，可擦寫光碟的媒質要比軟磁盤強，使用壽命更長，因
此可以說可擦寫光碟兼具了軟磁盤的許多優點，又彌補了軟磁盤的某
些不足，且增加了存儲量。

可擦寫光碟有三種類型，它們是「磁－光型」（英文縮寫M-O，全文即Magneto-Optical）、染料聚合物型（英文為Dye-Poly）、和相變型（英文為Phase-Change）。這三種光碟數據存儲的擦／寫方式不同，但其技術原理是一樣的，都是利用激光「熱」來改變光碟上光敏材料的物理化學結構。

「磁－光型」光碟表面有一層磁層，當激光照射在這一磁性區域時，其吸收熱來改變媒介的物理結構。磁層按磁性原理進行讀／寫／擦，數據按磁流方向形式存儲，所以不受物理撞擊。二進制的「0」和「1」由不同磁極的方向確定，在執行擦／寫指令時，由於紅外激光的照射，使其不斷改變磁極的方向進行工作。「磁－光型」光碟上的數據再現採用較弱的激光照射，識別出偏振信號然後反映給電腦。

「染料－聚合物型」是一種帶有彩色層的半透明塑料光碟，彩色層吸收激光束熱量來執行讀／寫／擦功能。光碟的彩色層在經過上千次的擦／寫存儲以後會有不同程度的損耗。

「相變型」光碟通過激光照射產生熱循環，光碟上的金屬層受熱以後分子結構發生變化，使非晶態變為晶態，或晶態變為非晶態，以此進行擦／寫光碟上的數據記錄。這一類型的光碟與「染料－聚合型」光碟有同樣的問題，金屬層經過多次使用也會受到損耗。

三種可擦寫光碟裡面「磁－光型」光碟是目前應用最廣泛的，經常使用的一種是直徑5.25英寸，雙面存貯能力為650MB，它的擦／寫效果好而且經久耐用。美國國家標準協會(ANSI)於1990年為5.25英寸的可擦寫光碟的使用制訂了兩套國家標準，「擴展混合伺服系統標準」（英文全文為Continuous Composite Servo–CCS）和「取樣型伺服系統標準」（英文全文為Sampled Servo），於1992年為3.5英寸的光碟制訂了相同的標準。

※可擦寫光碟技術在圖書館和資訊方面的應用

由於可擦寫光碟技術的優越性和與之相應的計算機硬軟件技術的不斷改進，這種光碟在圖書館和資訊領域中將會得到越來越廣泛的應用。

九十年代初期光碟技術在資訊領域的應用是將唯讀型光碟CD-ROM和寫／讀型光碟兩種光碟合併在一個系統裡面進行使用。在計算機或微電腦上，連接安裝兩個光碟驅動器，一個操作唯讀型光碟，一個操作可擦寫光碟，它們使用同一軟件，唯讀型光碟儲存回溯性數據，可擦寫光碟儲存不斷更新的最新數據。以後第六章中提到的「自動數據轉換存儲檢索機」就是在這一光碟技術基礎上發展出的電子圖書館技術之一。

可擦寫光碟在圖書館可以被用來存儲整個區域網絡上所有信息數據庫的記錄和軟件，以此作為後備媒介，不但替代了後備磁帶，而且可以隨機進行直接查找，數據裝入系統也比磁帶快得多。由於它的應用，區域網絡和廣區網絡會變得更加有效。

作為電子數據的快速複製品媒介，可擦寫光碟在圖書館的作用是複印技術和傳真技術望塵其及的。在圖書館邁向全方位電子化的現階段，在圖書館的資料逐步實現電子數字化的時刻，可擦寫光碟作為光碟數據儲存中最活躍的一種媒體，將在信息諮詢的存儲和傳播中發揮它舉足輕重的作用。

三、圖書館光碟聯合系統

光碟聯合系統是指三種類型的光碟驅動器，即唯讀型光碟、一次寫入型光碟、和可擦寫光碟合併在一個系統上使用。從以上的論述可

知，系統的優劣取決於計算機硬件的選擇和軟件的開發配套。1991年
法國激光網絡公司 (LASERNET) 為圖書館設計的一個光碟聯合網絡
方案，其系統建立的目標是：

1. 把部分古籍、孤本、善本、珍本以及一部分已製成的縮影製
   品，轉換成一次寫入型光碟實行永久性保護。
2. 提供網絡內電子出版物的檢索服務。
3. 提供版權許可範圍內 CD–ROM 和 WORM 光碟上的部分電子
   數據庫。

＊光碟聯合網絡簡介（參見圖3–6系統配置圖）

1. 系統配置

　　激光網(LASERNET)採用Token Ring環形網絡結構，網上配置十
臺電腦工作站操作各種輸入、輸出設備；以一臺AS400小型計算機管
理網絡系統並為自動數據存儲檢索機上的光碟記錄製作索引，存儲器
的儲量為12MB，磁盤存儲器容量為1800MB；一臺大型的一次寫入型
光碟自動控制數據存儲檢索機；一臺5.25英寸的小型WORM光碟驅動
器，每張光碟存儲量為800MB；一臺5.25英寸的可擦寫光碟驅動器，
每張光碟容量600MB；一台5.25英寸的CD–ROM光碟驅動器等。（見
圖3–7）

　　該系統的環形網絡使用ISO標準，除了連接上述硬件以外，還提
供與電腦視窗軟件銜接的界面、數字化的文件標誌與索引軟件等。其
激光網的數據傳輸速率為4MB/秒。

2. 文獻輸入設備

　　系統採用掃描機輸入各種類型的文獻（包括各種印刷型文本、圖
形、手稿、縮影膠卷上的文獻等）。整個系統配置印刷型文獻掃描儀三

臺，其中兩臺為A4尺寸和一臺為A3尺寸的文獻掃描儀，分別由個人電腦控制。文獻掃描後，可在屏幕上顯示，經校驗後，送入自動數據存儲檢索機內的一次寫入型光碟上進行存儲；輸入設備還包括一臺35毫米縮影膠卷掃描機（400型），也由個人電腦控制。

3.自動控制數據存儲檢索機（英文稱之為Jukebox）

該裝置內擁有五十張12英寸的一次寫入光碟，每張光碟容量為6.5GB，總共有325GB的信息數據可以被存儲起來或進行檢索。如果需要擴充存儲量，還可以把WORM光碟放置在外部的聯結裝置中，外存容量是無限的。AS400小型計算機負責對WORM光碟上的輸入記錄編製各類索引，並標明該文獻在自動數據存儲檢索機內的具體位置，包括數據記錄在第幾張光碟上和其在光碟上的位置等。

4.文獻輸出方式

任何一臺微電腦上都能夠顯示出已經存入自動數據存儲檢索機內的信息，並從激光打印機或點陣打印機裡輸出所要的文獻。利用WORM光碟驅動器可以輸出在CD-ROM或自動數據存儲檢索機內的文獻記錄，利用可擦寫光碟驅動器也可以輸出在CD-ROM或自動數據存儲檢索機內的文獻記錄或部分光碟數據庫。

法國激光網絡公司的光碟聯合網絡系統是一種具有開放式結構，再發展形式的文獻存儲及檢索系統，它可以與各類型的計算機主機連接，也可以與區域網絡域者擁有其他功能的標準配件如傳真機、電傳視訊等連接。由於計算機技術的飛速發展，該系統的設備和組合配制雖然將很快地被更新更有效的組合配制所替代，但是其合理的設計和整個系統的組合配制對圖書館建立光碟系統還是有其參考價值的地方。

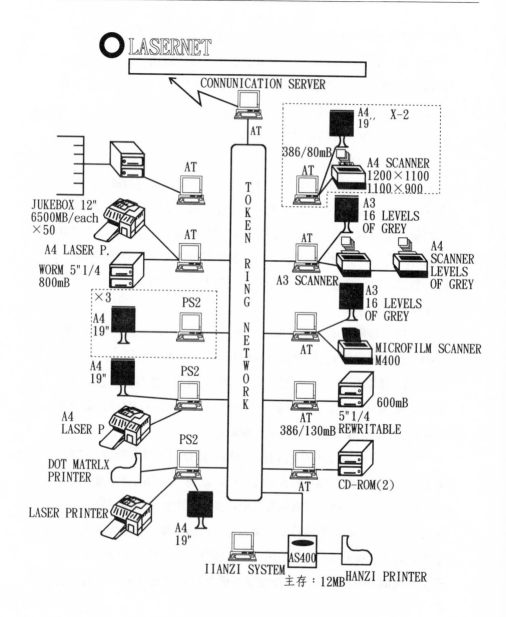

圖3-6　一個典型的激光光碟聯合網絡配置圖

主要參考文獻

1. *CD-ROM in the Library: Today and Tomorrow*, Edited by Mary Kay Duggan，G. K. Hall & Co., 1990.

2. *Public Access CD-ROMs in Libraries: Case Studies*, Edited by Linda Stewart, Katherine S. Chiang, Bill Coons，Meckler Co., 1990.

3. Norman Desmarais, *Librarian's CD-ROM Handbook*, Meckler Co., 1988.

4. William Saffady, "Stability, Care and Handling of Microforms, Magnetic Media and Optical Disks," in *Library Technology Reports*, Vol.27, No.1, Jan./Feb., 1991.

5. Westport, Conn, *System Intergration for Write-Once Optical Storage*, Meckler Co., 1990.

6. Wayne Augsburger, "A Flexible Jukebox for 5.25–inch WO RM and Rewritable Optical Disk Drives," in *Optical Information System*, Jan.–Feb., 1990.

7. *Converting Information for WORM Optical Storage*, Edited by Judith Paris Rolth, Meckler Co., 1990.

8. *Rewritable Optical Storage Technology*, Edited by Judith Paris

Rolth, Meckler Co., 1991.

9. Henry and Elizabeth Urrows, "Jukebox Ascend-Headlong Growth Ahead," in *Optical Information Systems*, Sep.–Oct., 1990.

第四章 專家系統

第一節 專家系統的基本概念

一、人工智能

　　眾所周知，所謂人工智能是隸屬於計算機科學的一門較新型的學科。簡單地說，研究人工智能就是研究模式的匹配，因為人類認識了解事物就是通過大腦思維來辨認不同的模式。當我們在識別一個熟悉的模式時，首先是從大腦記憶中去搜尋相同的模式，然後才能確定答案。人工智能研究的原理就是模仿人類識別能力的原理。在計算機應用的歷史發展過程中人工智能起著不可忽視的作用。人工智能在計算機應用中所體現的功能，如高效率知識表達、推理論證、解答問題、啟發式檢索等等，都已經廣泛地被運用在信息處理、電腦自編程序、機器人、視覺系統、自然語言處理系統和定理的自我驗證等許多計算機應用領域裡。因此也可以說，人工智能是使計算機工作得更有效，更完善的一門科學。

　　在圖書館資訊領域，人工智能的研究，開發和應用大致可以有以

下幾種：

1. 人工智能自然語言處理系統

圖書館的人工智能自然語言處理系統包括原文正文分析系統和電腦翻譯系統，前者可以用來概括或闡明原文，後者則可以自動將正文翻譯成其他文種。

2. 人工智能言語鑑別與邏輯綜合系統

此種系統給圖書館資訊提供了一種能夠回答，解釋或表達口語文字的手段。

3. 機器人或帶有視覺能力的計算機系統

很明顯，有朝一日當機器人能夠在我們日常生活中擔當一定程度的人工勞動時，圖書館內的簡單工作，如圖書上架、資料歸檔、館藏統計等可以用機器人來代替了。

4. 人工智能穎悟指導系統

針對求智者的特點，此種系統能滿足特定對象的需要，幫助讀者從廣泛複雜的題目找出捷徑，解決問題。它目前已經被應用在圖書館資訊的初級導向工作之中。

5. 人工智能神經網絡系統

此種系統主要是模仿人腦的生物作用過程和神經系統，設想中的應用範圍可以使手稿數字化。

6. 專家系統

專家系統在圖書館資訊領域有比較廣泛應用價值，目前在美國和其他一些發達國家專家系統已經或正在被運用到參考諮詢，信息管理，圖書採購編目，編制索引，數據庫檢索等許多領域之中。以下將對專家系統作比較深入的闡述。

二、專家系統的定義

專家系統廣義地，可以說是隸屬於計算機科學，人工智能的一個從屬領域。具體地說，專家系統是某一特定領域，小範圍的人工智能計算機系統；它匯集、編纂、整理人類專家的經驗知識，推理解決問題能力，使之計算機化、自動化。它通常用來解決某些人類專家才能解決的問題。因此，一個專家系統內必須含有，或具備某一特定領域的事實依據，或經驗累積數據，或啟發引導式知識，以此來達到解決問題的目的。專家系統最典型的功用是可以替代諮詢工作人員或專家顧問，在某一特定領域幫助用戶解決問題，找到答案。

三、專家系統的組成部分

一個專家系統通常有以下幾個基本組成部分：

1. 一個經過系統整理、編纂的某一特定領域的數據庫。
2. 一個核心邏輯推理機 (inference engine)。它控制整個數據庫的檢索過程。
3. 一個工作存儲記憶(working memory)。它用以記錄輸入的信息數據問題，新的事實依據，解決問題的方法等等。
4. 用戶聯接裝置(user interface)。它使用戶於系統之間更好地協調工作，減少出錯。

專家系統的數據庫中儲存了解決問題有關的特定事實答案。用於描述專業知識的一般方法可以是陳述性的，如描述某一事實；或程序式，如描述行為步驟；也可以將兩者結合起來組成知識數據庫。

核心邏輯推理機是專家系統的控制部份。它在整個搜索知識數據庫，尋找某一特定答案或解決問題的方法的過程中起著組織，控制和

執行的作用。搜索的基本方法一般有盲式檢索和啟發式檢索兩種。

　　工作存儲記憶是一種動態的記憶。它保持記錄專家系統最新的工作狀態。工作存儲記憶記錄專家系統接收到的提問信息，同時當整個系統開始工作時，工作存儲記憶不斷地轉換更新新的事實依據，以供決策運作。在不同的專家系統，工作存儲記憶以不同的方式於核心邏輯推理機維持聯繫，提供記錄準確的檢索過程，以便用戶查詢檢索推理過程。

　　用戶聯接裝置是聯接用戶於專家系統的一種軟件。它不但能夠引導系統進入檢索狀態，亦能展示系統的檢索結果。

第二節　專家系統的特徵

一、專家系統的一般特徵

　　專家系統與普通計算機的根本區別在於兩者所產生的結果是不同的。普通計算機或一般的計算機軟件處理的對象是數據，而專家系統處理的對象則是知識，經驗或事實依據。專家系統選定某一特定領域的知識，運用符號串來代表真實的概念，再通過在符號串裡進行相同模式匹配以達到解決問題。其二，普通的計算機程序都是通過重複計算過程來解答問題，而專家系統則採用啟發、推理方式來解答問題。專家系統採用的啟發式解答問題方法一般是從某一專家的解答問題經驗中，尋找出最簡便、最有效的解答問題步驟。普通的計算機計算一般都能保證會計算出某一種結果。而啟發式解答不一定有某種結果，不過它允許人們在某一特定的領域裡進行廣泛的搜尋解決問題的方法。這一點普通的計算機的計算方法是無法做得到的。舉例來說，專

家系統可以代替人腦進行象棋比賽（它能在極短的時間內完成10個移動棋子的組合）。 其三，兩者的程序結構亦不相同。在普通的計算機程序裡，事實依據或能解決問題的知識祇能通過符號指令步驟融會在程序裡進行數據處理。而專家系統的數據庫，結構控制，邏輯推理是分開的，三者相對獨立。因此，專家系統的數據庫可以在不影響邏輯推理的狀態下不斷更新數據，修改程序，或糾正錯誤。此外，一些不同的數據庫還可以在相同的邏輯推理器中運行。其四，專家系統還能不斷顯示出解決問題的邏輯步驟，告訴用戶，它是如何解決這個問題的。這一點普通計算機也是做不到的。

二、專家系統的效應

專家系統的效應反映在以下幾個方面：

1. 專家系統使某一專業知識在某一區域內被廣泛地應用，從而幫助非專業人士取得有如專家才能取得的效應。

2. 專家系統解放了一些專家，使他們不必從事某一固定的重複的勞動，使他們能從事其他的工作。

3. 專家系統促進了一種標準化的統一工作方法，有助於工作的管理。

4. 專家系統增加了機構工作的效率和效力：由於它具備了處理疑難雜症的能力，從而舒解了專家耗時耗人力的工作。

5. 專家系統提供了一種手段來存儲有價值的學術知識，以防萬一某一專家離開機構，而無法為讀者提供服務。

6. 專家系統還能永久性地保存高度複雜的知識，因為機器的知識不會因時間的流逝而退化或廢去，而人腦的知識有時隨著人的年齡的增長而退化或出現推斷錯誤。

7.專家系統能永遠一致地執行高難度的工作，而人們卻經常會由於
　過份繁瑣或注意力不集中而出現錯誤。

三、運用專家系統必須考慮的一些問題

（一）可行性和恰當性

　　這裡需要特別指出的是，專家系統並不能解決所有的問題，它只
適用於那些被證明是可行的、正確的和合適的領域，才能發揮它的效
益。因此，運用專家系統之前，必須考慮其可行性。

　　首先，想利用專家系統來做的工作必須是某種認識性的技能，而
非物質性的技能；它不可以是常識性的推論，但必須要有與之有關的
專業知識和專家存在；這種工作又得符合一定的難度，如果難度過大，
新手在短期內無法學會或者專家亦需要幾個月或幾週才能解決，就不
宜採用專家系統來替代；如果此難題可以分解成幾個小題來解決，就
很適合讓專家系統來扮演解決小題的角色。這類題目應該是比較易懂
的題目，如果解決這個問題必須先得做基本研究，那麼去開發一個專
家系統來替代，那就顯得很不明智了。

　　專家系統的應用是否恰當必須考慮的因素。一般來說，如果某項
工作缺少此類專家，採用了專家系統後能夠替代一部分工作，而且又
有希望節約一定的開支，那麼選用專家系統來代替人工就是十分正確
的選擇了。此外，被解決的問題還需要具備以下一些特徵——它應該
適宜於用符號操作並能得到啟發式結果，能容忍不正確的或難以令人
滿意的結果，否則普通的算法程序會更加有效而且廉價；其次是問題
也不能過於簡單。較為理想的時間範圍是此類問題一般專家要花幾十
分鐘或幾個小時才能解決的。幾秒鐘便能解決的問題是不值得去建立

專家系統來替代的。

（二）選擇正確的專家系統建設工具

當前用來建立專家系統建設工具的程式和手段是多種多樣的，通常可分為兩大類：一為程序語言 (Programm-ing Languages)；二為知識工程語言 (Knowledge Engineering Languages)，或稱為專家系統應用軟件框架 (Shells)。此外還包括一系列與之有關編制程序的輔助設備。程序語言又分為：問題定位語言（如C語言、PASCAL語言等）和符號操作語言（如LISP語言，PROLOG語言等）。問題定位語言一般作為常規軟件開發之用。而符號操作語言一般作執行概念表達之用，例如羅列概念的結構與邏輯。

知識工程語言的組成部分包括一個知識陳述器，一個邏輯推理機和一些輔助裝置。從現有的專家系統中，移動知識數據的框架，只含有單一的知識陳述系統和單一的邏輯推理方法，但絕大多數軟件框架 (Shells)是一種混合多元式的建設工具。它們用來作為不同類型的知識陳述系統和邏輯推理。

較早期的軟件框架有Intellicorp公司生產的KEE。KEE是一種適用於圖像結構的描述、規律的描述和其他一些知識陳述法，其核心邏輯推理採用正進反推鏈式法；另一種軟件框架是 EXSYS 公司生產的EXSYS，以IBM PC微機為應用對象，含有事物發展過程的必然因素，因此特別適用於知識規律描述。

近幾年來，大量以微機為主的、操作簡便又價廉物美的專家系統應用軟件(Shell)不斷地出現在市場上，目前在圖書館廣泛採用的專家系統軟件(Shell)有VP-Expert, lst-Class, Knowledge-Pro, 和Level-5等。專家系統應用軟件的功能是幫助簡化操作過程並將知識邏輯排列，

而有效地完成一系列工作的。在微機建立一個專家系統也是很方便且時間也不長，包括培訓在內一般只要幾週到1～2個月。

與編製設備有關的輔助設備，一般包括計算機程序除錯輔助器(Debugging Aids)，輸入輸出裝置，解釋裝置和知識庫校正輔助器(Knowledge Base Editors)。

第三節　專家系統在圖書館資訊領域的應用

一、專家系統的應用領域

專家系統已經在相當多的領域發揮著它的作用，以下是一些發揮效益比較好的領域：

例如氣象預測、醫療診斷、計算機軟件糾正、圖像分析、汽車維護等。已經利用專家系統的主要領域有太空、農業、化學、計算機、教育、電子學、能源管理、工程、財政、地理學、信息管理、法律、數學、醫學、氣象學和軍事科學等。

二、專家系統在圖書館的應用歷史

人們探討本身的思維過程和大腦的工作流程已有相當長的一段歷史。在不同的領域裡都有所研究，如醫學界致力於研究治療那些腦功能不全者，醫生們使用不同的手段，從鴉片到電磁震盪以求解人腦內部的工作狀況。控制論的出現，為人工智能的開發奠定了主要的理

論基礎。在圖書館資訊領域裡，有趣的是與之有關的智力開發和工作都與情報機關有關，諜報機關早就盡其所能開發研究如何存儲智慧和檢索不同渠道的大量情報，研究的對象如科學雜誌的自動翻譯、機讀數據和自動翻譯機等。

（一）專家系統的雛形（1956年之前）

當代人工智能的創始人之一，Warren McCulloch，作為伊利諾斯大學精神病研究所所長，完成了一個大腦中樞神經網絡模型，這一模型雖然在稍後的實驗中與原先構想的理論有出入，但對以後人工智能的研究產生了深遠的影響。

Alan Turing (1912～1954) 是一致公認的第一位提出思維機器構想的學者。1950年，在他震驚計算機界的文章(Computing Machinery and Intelligence)中指出：計算機可以設計出智能行為。

同年，Claude Shannon，人工智能的第三位奠基者，提出用計算機下棋，這一構想很快被大家接受，至今仍使許多人興趣盎然。1953年，Shannon發表了一篇題為 "Computers and Automata"，提出了人工智能的一些核心問題，至今仍是學者研究的問題，它們是：

1. 計算機化能否使機器自我引導用戶了解使用機器？
2. 計算機化能否使計算機自我編製程序？
3. 能否建立一個自我維修機以查出並維修計算機本身的毛病？

（二）第二代專家系統(1956～1970)

1956年在美國達特茅斯，由達特茅斯大學的約翰‧麥克阿瑟和麻省理工學院的馬文‧明斯基在一個研討會上首次提出了人工智能的概念（即英文的 Artificial Intelligence）。這期間較有代表性的研究有

BAGGER，ANALOGY等，1968年麻省理工學院的卡爾‧英格爾門等人研製出 MACSYMA 系統，該系統可解答 600 個以上的數學方程式。同年，愛德華‧費根鮑姆 (Edward Feigenbaum) 設計出著名的 DENDRAL程序，實現了人與機器對話，以啟發式的方法來解決一個複雜的問題，它是人工智能研究歷史中的一個比較有名的範例。

（三）人工智能研究的低潮時期(1970～1980)

這時期偏於研製較實用的啟發式或經驗式專家系統，代表性系統有 PROSPECTOR，利用測鏈推進算法和解拆理由結論輔助系統，發揮了岩石地質專家的功用；還有 MICIN 系統用於診斷傳染性血液疾病；XCON（亦稱RI）系統用於調試VAX和PDP-11計算機系統。

（四）人工智能的黃金時期（1982年以後）

由於計算機技術的迅猛發展，計算機不再只是用於計算和儲存、處理數據，它被專家系統用來推理和告知，用來對知識進行處理，這標誌著人工智能進入了一個黃金時期。最突出的例子就是美國星球大戰計劃，包括各種專家系統的自然語言處理、計算機視覺功能、語音識別功能和規劃設計系統的研究及應用開發。個人電腦的普及是推動這一領域發展的功臣，目前多種多樣的程序設計，使人工智能在許多領域得到不同程度的應用。

三、專家系統在圖書館和資訊領域的應用

從上所述，已經可以看到一些專家系統在圖書館領域的實用價值。當前，專家系統在圖書館資訊領域運用和開發，研究的範圍基本上是在以下六個方面進行：1.分類，2.終端聯接檢索數據庫，3.參考

諮詢輔助，4.編製文摘、摘要，5.檔案管理，6.編目。雖然一些專家
系統的使用效率還有待探討，但是相當一部份的運用例子已證明了專
家系統在圖書館資訊領域的實用價值。本章介紹的是當前專家系統在
圖書館和資訊信息系統方面的一些發展和應用現狀。

（一）專家系統在參考資訊部的應用

1. 在專家系統發展的初級階段，最早利用計算機進行文獻諮詢工作
的是威爾女士

　　1968年，她選擇了較狹的領域——「傳記文獻工具書」作為諮詢
領域，她設計了一種語言來描述書中的人物及其社會貢獻，並以出版
物形式和人物類型作為調查諮詢的方向。威爾女士的系統用COMIT進
行程序編制，COMIT 是麻省理工學院開發出的一種早期人工智能語
言。整個程序是對傳記文獻數據庫進行詢問式的檢索，人－機對話只
能批量進行，用戶只能預先將問題準備好，然後批量地通過計算機進
行檢索，計算機檢索出正確的答案，在自動查找答案過程中，不合用
的工具書一本一本被排除掉，最後所有可能的「答案」，按工具書的名
稱被列出來，通過人－機對話再進行第二次過濾，來決定最合適的答
案。雖然該程序構思是很簡單的，但其方法對現今的專家系統設計仍
有著實用的參考價值。

　　在八十年代中後期，較成功的例子是美國國家農業圖書館，它是
利用微機建立一個讓讀者自己查找某些狹小的農業領域中的文獻資料
或解答一些專業人員才能解答的問題。另外，希望建立一個專家系統
進行多主題檢索的參考諮詢，形成在整個館內系統網絡。

　　第一個專家系統參考諮詢原型建立於1988年，由農業圖書館的水
產養殖信息中心研製。針對水產養殖領域常見的一些專業問題，提供

各種類型的答案。設計了一種梯級式鏈型結構文檔作為數據結構基礎。用戶查找時，首先選擇需要一般性信息或專門的商用水產物，若是後者，專家系統就會問你，對植物或是動物感興趣？不斷為用戶解答問題。該系統現命名為水產養殖信息顧問AQUAREF，它採用單選項單並確定七種動物和兩種植物，一旦確定了所需的種類，專家系統則挑選與檢索相關的各種參考工具書。若有些太專門的題目該系統找不到或者現有的信息已過時，專家系統能自動地轉換到圖書館的 CD–ROM 網絡數據庫中，以便讀者查尋那兒的文摘數據庫。它採用1st–Class的專家系統應用軟件，此軟件操作簡單，很適用於IBM PC微機。

上述可見，如果把問題縮小到較窄的範圍或者把大的主題範圍分解為若干較小主題，建立專家系統，然後再聯網，同樣可以達到解決問題的目的。經驗表明，較為合理的專家系統應該含有50～100個反饋信息（或答案），每個信息最好不超過兩個屏幕。一個屏幕含5～7個選擇的問題是比較恰當的（讓用戶知道，下一步該怎麼做）。 以一些較權威的參考工具書指南如 Guide to Reference Sources(Sheehy, 1976)，Guide to the Agriculture Literature(Blanchard & Farrell，1981)都是將所指引條目的範圍控制在這個水平上（50～100個）。一些圖書館專家系統的設計者採用 Sheehy 分類法,將所有的知識領域劃分為 50 大類，每個大類再劃分為 50 ～ 100 個二級類目，每個二級類目含有不超過 5000個三級類目，而每一個三級類目可以作為建立一個專家系統的考慮對象。假如以三級類目作為建立專家系統的對象，它包含50～100個參考數據，以此計算，大約涵蓋250,000～500,000參考條目數據。NAL在建立AQUAREF所含的50～100個條目時，大約花了兩個專業參考諮詢員幾個月的時間（以半天工作計算）。

2.GDRA專家系統

斯坦福大學喬森圖書館的專家系統——POINTER 是參考資訊領域的另一個成功例子。九十年代初期，該館收藏了大量的各國政府出版物，為了提高服務水準向讀者提供完善的尋找途徑，決定發展專家系統，增加服務網點提高效率。在做完可行性研究，對比了不同的應用軟件，圖書館根據政府出版物對檢索範圍的要求——即A.主題、作者或出版機構和書名、B.統計數字、C.分類號，決定選用資訊建設者公司的產品「Level-5 應用軟件」來建立自己的專家系統——GDRA。Level-5 應用軟件適用於 IBM 的微機。其框架不但能提供知識展現(Knowledge Representation) 和推理手段，而且用戶界面也十分優秀（包括全屏幕正文編寫和擴充輔助功能），它還能直接進入ASCII正文文檔和外部的程序結構。Level 5 的知識數據指令採用語言即Production Rule Language。

以 Level 5 為基礎的 GDRA 首先以兩個 ASCII 屏幕的正文形式出現，第一個屏幕簡單地介紹如何使用GDRA專家系統的指南和指南的功能；第二個屏幕總體介紹斯坦福大學圖書館各種類型政府出版物和各種檢索手段，並列出檢索點——即主題、作者或書名，統計和分類號。然後讀者以出版機構來鎖定所要檢索的出版物，如美國聯邦政府出版物。GDRA會立刻告訴讀者，此出版物在館內是如何編排的，現有的館藏情況和應該如何找到所要的資料。

GDRA經過喬森圖書館的實際應用，證明達到了預期的目的。它促進了各類政府出版物的館藏標準化，強化了圖書館信息諮詢服務，減輕了專業館員諮詢的工作壓力，方便了廣大讀者，獲得一致的好評。

（二）專家系統在圖書編目中的應用

1. MITINET/MARC

　　應用在圖書編目方面的研究首先以人－機對話的形式取得進展。所謂人－機對話就是利用專家系統來協助編目人員準確、熟練地運用編目規則條例；第二方面的研究是建立一個具有完全獨立編目能力的專家系統，並將該系統與電子出版系統聯接。當電子出版系統進行出版物電子掃描的同時，將信息也傳遞給編目的專家系統。

　　1986年在威斯康辛大學研究了MITINET/MARC編目專家系統，它是一個以微機為基礎的編目系統，為編目人員提供正確的編目指示，告訴編目人員如何將編目數據轉換為正確的MARC格式，由於它有這樣的功能，任何一位沒有編目專業知識的新手，都能通過該系統完成編目工作。但是MITINET/MARC只能被稱作編目人員的幫手，而不能稱它為「專家系統編目員」，因為運用該系統人員必須知道選擇正確的檢索點，例如款目的形式，是主款目或是輔助款目。

2. 其他系統

　　以微機為基礎的專家系統無法容納太多的條款指令。以英美編目條例第二版AACR2為例，該書共有數百條條例，因此，圖書館編目工作的專家系統應用，研究工作重點都放在解釋AACR2的某一章節或者AACR2的一級敘述性著錄規則上。與MITINET/MARC設計構想相同的還有UCLA設計的MAPPER系統，該系統依照AACR2第二十一章條款的規則，以地圖為編目對象、解決如何選擇主款目等問題。

　　與上述系統稍有不同的是由艾克塞特大學設計的專家系統 Exeter。該系統以AACR2的整個第二部分為對象，即如何選擇檢索點的形式的款目規則，因此它適用於多種形式的資料編目。另外其協助編目的方

式亦有不同。傳統的編目方法是先進行書目描述，然後決定作者項和檢索點。而 Exeter 系統是先決定資料的形式，再由編目員決定作者的形式——即作者是單姓，還是複姓等，最後才出現款目描述屏幕，進行數據輸入。此系統雖然沒有進入實用階段，但為專家系統進行編目提供了有益的啟示。

以上這些專家系統的應用都需要一名編目人員通過系統的提示，進行數據輸入，因此這些專家系統在編目中的應用都無法稱為是獨立的系統。但是在 OCLC 的贊助下，一直在進行專家系統的編目研究工作。幾年前由 Stuat Weibel 領導的研究，首先將書名頁的整個畫面的手工編制變成機讀形式，以手工編制的主要原因是當時還沒有合適的 OCR 技術 (Optical Character Recognition) 來識別多種多樣的出版形式。該項研究希望發展一種自動編目機，以執行三種基本任務：A.以機讀格式提供整頁圖形；B.從圖形中分辨出與正文有關的信息；C.找出與正文有關的編目款項。Weibel 的實驗系統只用了十六條指令規則，對輸入的書名頁進行編目，成功率不算很高，大約50％，書名頁的識別沒有出錯，找出與正文有關的信息款目項有75％是正確的。另一項研究是 Elaine Svenonius 進行專家系統編目研究。她主要從事對英語圖書書名頁機讀識別的研究，研究對人名檢索點的自動化問題。她對一個系統自動選出的人名檢索點進行比較（包括 LC 和 NLM 對同一本書的選擇）結果顯示，93％的人名和80％的機關團體名能成功地從兩個機構選出相同的檢索點。

在以上的一些實驗基礎上，OCLC 在1995年發展出一種自動編目機 "PromptCat"。依據 OCLC 公佈的資料和實地展示，該系統的最終目標是完全取代編目人員。由於目前只有極少數的圖書館開始使用該系統，所以還沒有統計出它確切的失誤率和使用效果。專家系統技術

運用於圖書館編目領域，目前仍舊需要一名編目人員向系統提供某些必要的書目信息，同時觀察校正系統的工作結果。暫時還不可能讓一位沒有任何經驗和專業編目知識的人員去操作專家系統，編製出編目記錄。

（三）專家系統在檢索數據庫方面的運用

美國澳斯汀德州大學的工程圖書館在 1990 年開發出一臺專家系統，以幫助用戶檢索數據庫。由於該館每天都有大量的讀者需要檢索專利文獻，因此圖書館決定使用專家系統來協助讀者從大量的數據庫中檢索出自己所需要的專利文獻。該專家系統的設計首先告訴用戶所有能檢索出本館專利文獻的檢索點，比如可以從專利號、發明者姓名、關鍵詞等入手進行檢索；然後再告訴用戶從那些資源裏可以找到用戶所需要的信息，比如專利索引、線上數據庫、政府期刊等等。在檢索中，專家系統能同時幫助用戶明確檢索方向，告訴用戶檢索中所出現的問題，指導用戶進行檢索。德州大學工程圖書館的檢索專利專家系統還通過通訊界面和電訊傳播媒介，和館外大量的線上數據庫接通，擴大用戶的檢索範圍。當用戶在進行館外數據庫檢索時，該專家系統能夠自動選擇正確的檢索語言，撥通指定的數據庫，然後執行檢索直至打印出檢索結果。舉例來說，當用戶持有國外專利號，而想查找相關的美國索引號時，專家系統就會自動鎖定DIALOG文檔第350和351（世界專利索引）， 進行檢索。由於這臺專家系統從設計到運用都考慮得十分周到全面,它為工程圖書館節約了大量的專業圖書館員人力,解決了週末沒有專業圖書館員值班的困境，為專家系統在圖書館資訊領域的應用提供了一個良好的範例。

人工智能的專家系統在圖書館資訊領域的應用從八十年代後期

已經開始從實驗室階段逐步走向運用階段。該方面的應用軟件不但種類很多而且價格也降低到圖書館能考慮運用。可是由於一些技術上的問題尚未解決，比如，如何擴大主題參考？如何更有效地解答學術研究問題等？在編目領域裡如何減少出錯？如何解決特種圖書資料的編目等？所以近期內，將專家系統廣泛地應用於圖書館領域的可能性不是很大。

四、專家系統在圖書館資訊領域的應用趨勢

人工智能專家系統在圖書館資訊領域的應用趨勢，將在以下三個方面得到印證。首先是一元化的圖書館自動化系統；其二是以微機為基礎的參考諮詢專家系統；其三是數據庫的前端系統 (Front-ends to Database)。

隨著人工智能技術的發展，它在圖書館的運用首先會在OPACs體現出來，智能型信息通過將來的一元化自動化系統將會更多的傳送到讀者手中，工作站將會代替現行許多中小型計算機。OCLC 和其他網絡數據庫中心都將（要求用戶採用）更新高效能工作站作為終端。高效能工作站的使用，更會促進使用本地區的計算機網絡系統。

圖書館自動化系統的製造商們已經開始在研究如何將人工智能運用到圖書館自動化系統中，二十一世紀初，人們將看到智能型的OPACs出現。聯機網絡數據庫中心（包括OCLC），文檔製作供應商，大型數據庫製造商們都在研製各種類型智能型的數據庫聯機前端系統。圖書館的電子郵政，也將與人工智能技術結合，一些小規模的實驗已經在一些圖書館內進行。

（一）圖書館一元化系統

專家系統和人工智能技術在圖書館資訊領域的應用首先在自動化系統體現出來。重點研究方向是如何將其運用在用戶聯接和理解性的瀏覽(Intelligent Browing)，研究工作正在由國家級圖書館擔負起來。同時，一些計算機公司和OCLC將會扮演主要角色。如OCLC與Carne-gie-Mellon 大學合作的 MERCURY 工程（見第六章）和 Reference Assistant 工程，使用人工智能技術來幫助研究人員識別和找到合用的數據庫進行檢索。

（二）微機為基礎的諮詢系統

越來越多的圖書館將根據本身需要建立起大量以微機為基礎的專家系統。越來越多的讀者亦會認識到它的工作效益，它將在小的專業範圍內被應用。除非一種High-end Micro和更優秀的Shells出現，否則當前的技術還無法滿足進一步應用開發的需要。但可以預言，不久的將來High-end Micro和Advanced Shells會很快的出現。

以微機為基礎的諮詢系統在參考諮詢方面的應用，將來的重點會在為讀者提供主題參考諮詢，特別是揭示本館特藏方面的應用；另外研究向讀者揭示眾多信息和不斷增長的出版物的專家系統也是方向之一；與OPACs，CD–ROM 文檔和外界數據庫連接的專家系統也將很快地出現在我們的面前。

在編目方面，以PC為基礎的專家系統，研究將會繼續在較窄的領域內進行，特別是對音樂樂譜和地圖等特種形式出版物上，AACR2的一些條例和規則將會更多地被作為專家系統的知識庫，為編目人員提供方便。

專家系統在館藏建設的應用尚無任何起色，唯一可供研究的課題是通過專家系統運用館藏條例，以建立館藏數據文檔。

（三）數據庫的前端系統

數據庫的前端系統在八十年代後期已經較普遍使用，進一步的知識型專家系統，也很快會出現在市場上。更新型的專家系統將會幫助並指導用戶選擇及檢索數據，提高檢索效率。其設計重點會從注重檢索形式或方法轉向如何指導用戶進行正確地檢索。新型的專家系統將能檢索大型的、結構不嚴謹的數據庫。

（四）分佈式的專家系統

最令人感到鼓舞的是即將出現的聯機分佈式的專家系統(Distributed Online Expert System)就像我們現在撥電話詢問某一線上信息數據庫一樣，可能在不久的將來，我們撥通的並連接的是一個專家系統，這是完全可能的，因為目前數據庫製造商已經與知識庫製造商合作設計這種系統。此外可以想像既然人能與專家系統進行對話，那麼專家系統之間亦能彼此對話。將來一個以知識庫為基礎含有多個專家系統的網絡會慢慢地延伸，在廣大區域內使眾多研究人員得到無法估計的效益。以知識或通過傳播知識以解決問題的手段，其最關鍵的問題之一是Knowledge Representation語言標準化問題。日本已經統一其知識電子傳播語言標準化。建立PPOLOG作為其AI研究和發展的統一語言。但是使 AI 語言標準化的難度並不亞於書目數據傳播的標準化，因此，這也是一件非常棘手的工作。

無論如何，專家系統已經為所有圖書館諮詢人員提供一種嶄新的服務手段。知識工程將會更廣泛地運用在資訊領域中，從參考諮詢中

去取得真實知識數據，專家系統肯定會在圖書館資訊領域發揮越來越
大的作用。

主要參考文獻

1. Alberico, Ralph & Micco, Mary, *Expert Systems for Reference and Information Retrieval*, Meckler Co., 1990.

2. *Artificial Intelligence and Expert Systems: Will They Change the Lilbrary?* Graduate School of Library and Information Science, University of Illinois at Urbana-Champaign, 1992.

3. Hutton, Susan M., *Expert Systems: Teaching and Research in North American Library and Information Science Schools*, British Library, 1990.

4. *Expert Systems in ARL Libraries*, Association of Research Libraries, Office of Management Services, Systems and Procedures Exchange Center, 1991.

5. *Expert Systems and Library Applications: an SLA Information Kit*, Special Libraries Association, 1991.

6. *Expert Systems in Cataloguing or Classification*, University of Toronto, Faculty of Library and Information Science Library, 1988.

第五章　超級正文、超級媒介、超級卡及其在圖書館和資訊的應用

　　人們在從事研究和教育活動中，在閱讀書刊或寫作過程中，需要搜集資料，需要不斷地獲取大量的有關信息。可是，這些資料和信息常常處於離散的狀態，學者們需要通過各種渠道和多種索引，才能有效地把它們匯總在一起。在計算機及高密度存儲技術迅速發展的今天，為了更好地解決這個問題，在八十年代末期，美國等發達國家相繼出現了「超級正文」、「超級媒介」技術和「超級卡」軟件。它們的出現和利用有助於人們對某一問題進行全面的剖析、聯想以至推理思維，從而求得對某一問題或現象較為全面的了解。

　　超級正文、超級媒介和超級卡三者是緊密相聯繫的，超級正文廣泛地被應用於文章的全文存儲和檢索系統，超級媒介則是超級正文概念的延伸，超級卡是超級正文和超級媒介的一種表現形式，是一種軟件產品。

　　本章將介紹超級正文、超級媒介和超級卡的基本概念、特點以及在圖書館和資訊領域的應用，並簡單介紹綜合了超級正文、超級媒介等技術的網絡瀏覽器Mosaic，使讀者對它們的概念有較形象的了解。

第一節　超級正文

一、超級正文的基本概念

（一）什麼是超級正文

　　人們在閱讀或寫作時，除了書或文章的本體之外，還常常涉及到要參考其他有關文獻，吸取補充信息，以便形成對某個問題有全面和完整的概念。利用和使用計算機技術，不斷地，迅速地從其他參考文獻中取得外延信息的現象，被稱為「超級正文」。許多專家給「超級正文」所下的定義並不類同，但是其中又有類似的地方。仔細閱讀可以加深對超級正文概念的理解。六十年代，戴特・雷爾遜(Ted Nelson)認為：超級正文是一種非連續性的著作，非線性的正文，由一組帶有追跡性的信息網絡組成；1991年1月，在美國標準技術學會主辦的「超級正文標準化會議」上，由參考和數據模式小組提出：超級正文是借助於把相關信息鏈結在一起，多個節點的網絡。明白了什麼是超級正文，就不難理解什麼是「超級正文系統」。超級正文系統是一個硬件和軟件的綜合體，是以超級正文的方式提供給用戶，用來管理和檢索信息數據庫的系統。

　　在傳統印刷型文獻中，為了解決信息的外延，常常採用「參見」、「腳註」、「旁註」、「文獻參考」等一些辦法。這樣做既繁瑣、耗費時間，又必須去查尋圖書或文章的相關位置，或查閱「參考文獻」，或查找索引，進而再去翻閱有關文獻，見圖5-1。它不利於及時取得「本文」以外的信息。今天，由於機讀信息數據庫和軟件技術的發展，

目前的超級正文系統，可以把一篇文獻中的字、詞、術語和句子，與另一些文獻的相關內容鏈結在一起（見圖5-2），在計算機系統的屏幕上同時顯示出來，以便人們有效地獲得較全面和較系統的信息。

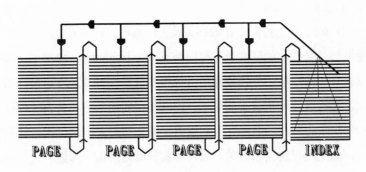

圖5-1 傳統文獻的外延信息

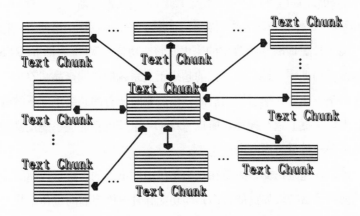

圖5-2 超級正文的鏈結

（二）發展簡史

「超級正文」概念的最早提出可以追述到1945年。當時美國總統

的顧問布什 (Vannevar Bush) 提出研製一種工具，稱為“Memex”，我
們可以稱它為「電子桌」，它的功能是將大量縮微形式的存儲信息，根據
使用的需要，有機的連接起來。他的設想，由於當時客觀技術條件的
限制，沒有成為現實。但是今天，人們仍然把他推崇為超級正文系統
構思的先驅。

到1962年，這方面工作取得了較大的進展，其中美國斯坦福大學
布特斯特拉普學院的研究員英格巴特 (Doug Engelbere) 提出了「擴展
人類智慧」的理論，他所構想的計算機職能應該涵蓋正文鏈接、電子
郵遞、連線軟件和視窗電腦等等。同時他研製出一個命名為「擴展」
(Augment) 的系統，由麥克唐納道格拉斯公司投入市場，盡管是初級
產品，但是可以說英格巴特是第一個實質性地將電子郵遞、文字電腦
處理、電視遙控會議變為現實的人；1965年，戴特·雷爾遜首次提出
了「超級正文」這一新的名詞概念。其後，他與安德麗斯·範·丹 (Andy
van Dam) 合作在布朗大學研究出了超級正文編輯系統。這使得安德麗
斯·範·丹在1982年指導他的學生研製成功第一個「弗來斯」(FRESS)
文檔檢索與編輯系統。第一代的超級正文系統的後期產品“ZOG”是
由卡內基－梅農大學發展設計的，由於當時所有的超級正文系統都必
須在大型主機上進行操作，所以“ZOG”系統也祇能在系統反應速度
和用戶服務數量方面有所改進。

第二代超級正文系統是在八十年代中期出現的，第二代超級正文
系統使用了當時最先進的技術，即功能強且分辨率高的工作站及光碟
技術。與第一代超級正文系統的最大不同之處在於第二代系統揚棄了
大型主機，而將目標鎖定在網絡化的單個工作站上，或用 UNIX 系統
的單個工作站上。它們的三個典型產品是：施樂公司研究中心的「記
事卡」系統(NoteCard)；Tektronix 公司的「海王星」系統(Neptune)；

布朗大學的「媒介物」系統(Intermedia)。以個人電腦為基礎的超級正文系統產品有：超級卡(HyperCard)，導向系統 (Guide)，個人電腦超級正文系統 (PC Hypertext)，超級作家 (HyperWriter) 和超級聯合(HyperTies)等。

　　第三代的超級正文系統是最成熟最成功的。出現在九十年代的環球網(WWW) 和網景系統(Netscape) 都是應用了超級正文技術的網絡化超級正文綜合體。雖然環球網和網景系統都建築在國際電腦網路上，並且還運用了其他最新的網絡技術，但是其最大的成功是正確地將超級正文技術運用到計算機網絡上並使其網絡化，超級正文技術在網絡化以後顯示出的優越性是空前的，它為全球性網絡檢索開創了嶄新的一頁，有關超級正文在環球網中的應用在第六章國際電腦網路裡有詳細的介紹。

二、超級正文的基本構成和分類

（一）超級正文的主要成份

　　一般認為超級正文應有三個基本的成份：節點、鏈和組合(Composite)。

1. 節點

　　也稱「塊」，它是超級正文系統的最基本單元，由「鏈」來連接兩個「節點」，使它們之間產生關係。它可以是文獻或信息的記錄字段（如字、詞、術語、詞組、旁註、腳註、句子或書刊中某一段落等），也可以包括書刊中的目錄，或者信息系統中一些通訊標識，如聯結標識(Link Markers)、對話標識(Interactors)、按鈕(Buttons)和支撐點(Anchors)等。節點還可以帶有「子節點」(Subnodes)，如著名的樹狀

狀 "子節點"，在設計各種類型的超級正文系統時，就可將節點分為不同的層次。

2.鏈

是連接同一文獻或兩篇文獻（或文件）中的兩個節點的一種連接體。它可以連接兩個或多個信息，同時顯示在同一個屏幕上。例如印刷型文獻中的腳註（如它是出現在另一篇文章上的定義），這時，它可以顯示在讀者正在閱讀的文章的相應位置。要注意的是，「鏈結」並不是兩個文獻整體的連接，也不是某一文獻中的一個節點與另一篇文獻整體的連接，它僅僅是文獻或文件中特定點或特定目標之間的連接。有些鏈被稱作為參考鏈(Referentail)，它們連接帶有參考資源的特種節點，如注釋與正文的連接就是典型的例子；有些鏈作為組織鏈(Organizational)，它們連接帶有子孫的母節點，可產生出一個如樹結構的子節點。在設計超級正文系統時，通常是把鏈劃分為三個級別，第一級是主要鏈結的方式，同時還有第二和第三級。

3.組合

是超級正文的一種設計模式，它包括路徑(Paths)、訪問路線(Tours)、訪問方式(Idioms)、網和網絡(Webs and Network)等方式，主要用於超級正文系統設計時考慮的問題。最佳組合的結構和子節點信息組合的結構模式仍然是當前在不斷改進的研究課題。

（二）超級正文系統的分類

分類可以有許多不同的分類方法，如按功能來劃分、或從使用的角度來劃分、或按檢索的方式來劃分等等。

1.從功能的角度劃分，可分為靜態的和動態的二種超級正文系統。

靜態超級正文系統不允許改變信息數據庫中的記錄，只能查詢、

檢索或瀏覽文獻資料，一般圖書館的讀者使用的是這類系統；動態超級正文系統則可以對系統的軟件略加修改，用戶可以建立起新的鏈以便檢索。動態超級正文系統的內容時常在變化，因此必須注意維護多個版本。

　2.從用戶的角度劃分，至少可分為五種情況。

　　A.單用戶系統（如：Guide，HyperCard和早期的NoteCard）

　　B.多用戶系統（如：Intermedia 和 NoteCards的新版本）

　　C.合作系統（如：Augment，ZOG）

　　D.通用性系統（如：當前應用的Xanadu）

　　E.網絡化系統（如：環球網WWW）

　3.從檢索的方式來劃分，有層次結構型和「平板」結構型等。

　　A.層次結構型：如一種「修理手冊」，利用導向軟件，從章、節的層次進入，可以在節之間的節點進行連接。從而進一步發展為球形結構，使讀者獲得更快的檢索訪問速度。

　　B.「平板」結構("Flat" Structure)的方法有如在百科全書中使用關鍵詞進行查找，讀者可以迅速地從一個節點跳到另一個節點，軟件HyperTies是典型的例子。

三、超級正文技術的優缺點及其在圖書館和信息領域的應用

（一）優缺點評述

　　超級正文技術已在圖書館、信息和計算機軟件系統等領域得到越來越廣泛的應用，其優點如下：

1. 為檢索超大型文獻提供極為有效的檢索效果，使用戶可以瞬間決定何種信息為其第一所需。

2. 使讀者可以同時得到許多外延信息，如詞或術語的定義，某主題的相關信息，或某一作者著作的全貌等，為用戶開拓出許多新的信息諮詢資源。

3. 動態超級正文系統與用戶之間設有界面，可以讓用戶發展出新的鏈或信息；利用它來分析文獻或撰寫文章。

4. 超級正文結構靈活，它可按層次結構又可按非層次結構設計軟件；讀者對信息數據庫既可以宏觀瀏覽，又可以集中某一個概念詳細地進行探究。

5. 數據庫的冗餘度小，空間可以充分利用。

主要存在問題：

1. 用戶有時會被誤導，特別是應用在較大型、複雜的信息數據庫系統時，可能發生用戶「迷路」；因此，需要培訓指導。

2. 需要使用較大和較高分辨率的計算機屏幕，成本較高。

（二）在圖書館和信息領域的應用

超級正文技術有以下五個方面的應用：

1. 大型文獻信息檢索系統

最典型的例子是應用了超級正文技術的環球網系統，（請參見第六章第三節）；某些線上信息數據庫系統和CD-ROM數據庫，利用了超級正文技術，使讀者使用更為方便。如BRS信息公司使用了超級正文的功能，將書目數據庫的引文與文章的全文數據庫連接，當讀者需要引文的全文時，BRS公司的聯機系統便可以立即提供文章全文；又如有些CD-ROM信息數據庫檢索系統，利用超級正文技術，將「鏈」

與數據同放在一個文件中，或將「鏈」和「節點」分別存於不同的文件中，向用戶顯示出用戶可能需要的外延信息。

2.瀏覽系統

應用於公共場所的信息查找系統、圖書館的參考諮詢和計算機輔助教學。許多圖書館已利用超級正文設計了「讀者指南」系統，讓讀者自己解答校園內和圖書館的有關信息，如圖書館各個部門和館藏的位置及服務關信息；有些還提供期刊的現刊目錄數據庫，讓讀者查尋。

3.調研信息系統

一個項目在開發的前期，首先必須搜集齊許多資料，隨著課題的逐漸深入，必定需要獲得更詳細更多的資料，利用超級正文技術可把相關信息很好的進行連接，使研究者很快地查找到所需要的資料；

4.用於計算機數據庫管理系統的更新和維護

5.用於大型理論模型和經濟模型的管理

使用超級正文技術建立小型超級正文系統進行圖書館的業務管理還有許多例子。美國南加州大學圖書館早在1987年就已經應用超級正文技術於雜誌的索引管理；卡內基－梅農大學和康乃爾大學圖書館都利用超級正文系統建立了某些學科的全文信息數據庫；美國國家農業圖書館利用超級正文技術開發了編目員的培訓系統；甚至在1990年美國圖書館學會的冬季年會中，展覽會的指南也利用了該項技術，讓參觀者在蘋果電腦微機前自行進行查詢。

第二節　超級媒介

一、超級媒介的概念

（一）超級媒介的定義

　　超級媒介是超級正文概念的延伸，其外延信息不僅僅涵蓋文字資料和圖形，它涵蓋了所有類型的信息資源和信息資源之間的連結。它不但連接了文字和圖形，還連接電影、錄像、音樂、動畫片、聲音資料，所有這些類型的媒體資料都可以用數字編碼格式存貯並通過計算機來進行檢索。

　　根據布賴恩・阿・蓋恩斯(Brian R. Gaines)和瓊・恩・維克特(Joan N. Vickers)對超級媒介基本構成的描述，如圖5-3所示。

　　超級媒介系統由四個主要部分組成：即硬件系統、軟件系統、通訊系統和信息資源系統。其中，信息資源有各種類型和各種不同的格式，如光碟媒介（包括錄影光碟和唯讀光碟）是被用來存貯映像、圖形、聲音和動畫片信息的。超級媒介是當代人們與相關知識的各種類型媒介進行交互對話的有效手段。

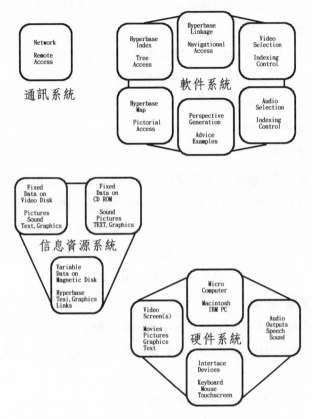

圖5-3　支持「超級媒介」系統的基本組成部分

（二）若干術語定義和超級媒介的功能

　　蓋恩斯和維克特提出了超級媒介系統中的主要術語和概要的功能。

1. 主要術語

　　・超級外殼(Hypershell)：在超級媒介中攜帶資料的系統。

　　・超級基礎(Hyperbase)：在超級媒介中資料的集合。

- 超級系統 (Hypersystem)：已將超級基礎載入超級外殼中的系統。
- 連接(Gateway)：在超級基礎中資料之間的鏈結。
- 框架 (Perspective)：在超級媒介系統中建立一種結構，通過它進入超級基礎。

2.超級媒介的功能

A.基本功能

- 聯合(Integration)：提供由連接器鏈結在一起的資料。
- 隨意查詢(Freedom)：允許用戶通過非預先確定的路徑瀏覽數據庫的資料。
- 靈活性(Flexibility)：提供對同一種資料的多種存取形式結構。
- 可用性(Usability)：提供正常的用戶界面。

B.期望的功能

- 多樣性(Diversity)：聯合一系列媒介和模型（或說明）。
- 擴展性 (Extensibility)：允許用戶增加新的數據和存取形式結構。
- 社交性(Sociality)：允許多用戶的存取、更新和通訊。
- 空間性(Spatiality)：提供擴展空間比喻法。

C.理想的功能

- 程序設計能力(Programmability)：提供與其它程序結合的能力。
- 定向性(Orientability)： 通過超級基礎向用戶表明他們的路徑。
- 引導性(Guidability)：通過超級基礎引導用戶走向適合的路徑。
- 再生性(Recreatability)：允許用戶再生成過去的存取形式結構。
- 歸屬性(Attributability)：允許用戶校驗資料源。
- 通訊性(Communicability)：輔助用戶校驗他們對資料理解的正

確性。

二、超級媒介的相關技術

（一）超級媒介系統內的通訊工具

　　超級媒介系統內的通訊技術是依據洛・凱什白恩卡(Lou CasaBianca)提出的在計算機領域、管理和超級媒介系統中通用的十二種通訊標誌圖形，見圖 5-4；作為與計算機通訊的符號，該十二種通訊標誌圖形可以用於表達聲音、電影、音樂、錄像等等媒介的信息資料。各標誌圖簡單說明如下：

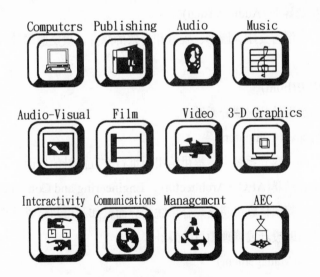

圖5-4　超級媒介系統中的通訊標誌圖

1.聲音(Audio)

　　錄音磁帶是最基本的媒介，近來發展的數字聲音光碟 (CD-A) 也被包括在內。

2. 音樂(Music)

音樂是一種充滿活力的單元，特別是帶有激情的音樂，故將它與聲音資料分開來，其表達法已成為計算機學科內的一個新領域。

3. 錄像(Video)

它已成為傳送運動圖像和聲音最普遍的媒介，特別是錄影碟在超級媒介系統中得到廣泛的應用。

4. 圖形(Graphics)

在計算機中顯示的圖形並附有音樂或聲音，廣泛地用於PC機的圖形系統中，包括二維或三維的圖像以及動畫片，這些技術也在超級媒介系統中得到應用。

5. 視聽媒介 (Audio-Visual)

它是混合文字、圖形、聲音和音樂的媒介，廣泛應用於教育、培訓等。

6. 電影(Film)

也應用於超級媒介系統中。

7. 計算機(Computers)

在超級媒介系統中，提供給用戶進行交互設計的界面。

8. 工程結構(AEC—Architecture, Engineering and Construction)

為工程學科應用超級媒介系統的界面，如利用超級媒介系統進行計算機輔助設計或管理項目的設計。

9. 管理(Management)

對超級媒介系統的管理或對某個公司的管理。

10. 通訊(Communications)

用於區域網、廣區網和分布式網絡的數據通訊，可將文字、聲音、錄像等文件從一臺工作站傳輸到另一臺工作站。

11. 會話(Interactivity)

在交互設計中，開始的項目建立約束條件並確認各種媒介一起聯合工作，提供它們之間的接口和交互設計的功能。

12. 出版(Publishing)

各種類型產品出版的界面，既可以是電子格式，也可以是印刷型。

（二）與超級媒介系統緊密相關的新技術

新技術不斷地出現和發展，產生並完善了超級媒介系統。映像技術的出現，使圖像、照片、動畫片、二維和三維圖像能在計算機內存貯、傳遞和高質量的輸出；微型計算機的新發展，使超級媒介系統能運行在微機的電腦環境中，光碟技術的發展，為超級媒介系統能運行在微機的電腦環境中；光碟技術的發展，為超級媒介系統提供了強有力的物質基礎；網絡技術的更新，「客戶器／服務器」的發展為超級媒介系統網絡化、普及化鋪平了道路；掃描技術、數字化技術以及圖像處理技術和通訊技術,都給超級媒介系統的發展提供了有力的支持。

三、超級媒介在圖書館和資訊的應用

蓋恩斯和維克特指出，超級媒介的概念可以應用在四個主要領域：

1. 人類歷史和文化，特別是知識產品的處理。

2. 信息技術。

3. 廣泛應用於各種文獻（包括文字資料、圖形、聲音和錄像等）的處理系統。

4. 儀器和控制技術等。

可見，超級媒介技術非常適用於圖書館和信息領域裡各種類型文獻的存貯和檢索系統。美國國會圖書館利用超級媒介系統並結合光碟

技術，建立了著名的「美利堅記憶」系統，將館內特種館藏有關美國
歷史和文化的各種類型資料，以超級媒介形式呈現給讀者，詳見本章
第四節；當前，在電腦網路上最活躍的環球網WWW中，大量的各種
媒體信息資料通過超級媒介系統Mosaic和Netscape已經不但為讀者提
供了生動形象的圖像動態資料，而且可以同時提供聲像資料。

第三節　超級卡

一、超級卡的概念和基本結構

（一）基本概念

　　超級卡是由美國蘋果計算機公司開發的一種計算機軟件，運行在
蘋果電腦上。如它名稱所示，超級卡以卡片形式來隱喻其節點，編排
程序被稱為「書架件」(stackware)，而其中的超級正文文件被稱之為
「書架」(stacks)。超級卡是執行超級正文和超級媒介的一種應用軟件
系統，目前在小規模的信息處理系統中得到廣泛應用。

（二）超級卡的基本構成

　　超級卡由書架、後臺、卡片、圖形、字段、按鈕、選項單的骨架、
選項單、工具、信息箱和正本等單元組成。這些單元的結合，構成一
定的結構形式，編排成超級正文和超級媒介系統的軟件。在小型圖書
館或媒介中心，它既可以被用來開發圖書的公共目錄，又可以用作技
術服務的管理系統。以下對基本單元作簡要的說明：

　　1.堆棧

　　堆棧是信息數據庫中相關記錄的集合。如讀者記錄的集合，機讀目錄、採購、書商和圖書出納等記錄的集合，這些記錄可以作為超級卡堆棧的節點。使用和建立有效的堆棧是如何運用超級卡的關鍵技術。

　　2.卡

　　卡是超級上系統中的基本單位，由若干「層」組成（見圖5-5）。每一層都像透明薄膜的「卡通片」一樣，層面上的信號可以是按鈕、字段或圖形等的信息，用戶在電腦屏幕上看到的是各層薄膜文字或圖像的疊加，這些疊加顯示出一條完整的記錄就稱為卡。它類似於圖書館裡的目錄卡，每張卡上有書目的完整記錄。在堆棧中，卡的排列是環形的，最後的一張卡和第一張卡相接。

　　3.後臺

　　上述類似於透明薄膜的「卡通片」可以被稱為「層」，所有的「層」都進入兩個「域」，分作後臺層和前臺層，見圖5-5。後臺層只包含圖像的一部分。

　　4.字段

　　卡的前臺層和後臺層包含混合的層面，有字段、圖形和按鈕。字段是前臺層和後臺層的層面中所有相同式樣和大小的字符所占據的層面，像目錄卡的書目記錄是由打印的字符組成。

　　5.圖形

　　使用位映像技術的一種由計算機生成的圖形，可以是標誌符或肖像，用來說明「字段」中的正文或是實際文獻的圖像。

　　6.按鈕

　　它是前臺或後臺層的一部分。當執行指令工作時，它告訴用戶如何動作：或送出本堆棧的一張卡，或是送給用戶另外一個堆棧的一張卡，或提供一段音樂，或在計算機屏幕上閃爍一個幻燈片。

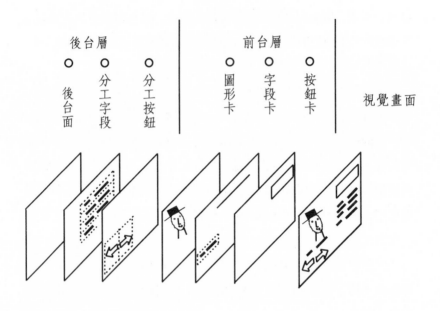

圖5-5　超級卡的層和域

7. 選項單的骨架

在使用蘋果電腦的計算機環境下，執行「顯示」當前要使用的選項單的一種導引功能。

8. 選項單

列出系統相應各項功能的一覽表，一般將系統全部主要功能顯示在一個主屏幕上，見圖5-6(一)、(二)、(三)。

9. 工具

一種產生圖形的特殊功能，或訪問堆棧特定部分的功能。

10. 信息箱

一種超級卡系統的信息通訊窗口,讓用戶可以進入系統的特定部分。

11. 正本

超級卡系統的一系列命令或功能，每個命令對應特定的事件。這些事件可以是一些輸入設備如鼠標、鍵盤的動作或在屏幕上移動光標。正文是用超級卡的語言(Hyper-Talk)寫的。

超級卡並不需要用戶使用其語言(Hyper-Talk)去寫程序，僅需要用戶利用「按鈕」去連接兩個堆棧之間的「卡」等一些簡單的操作，其他的工作都由超級卡系統本身自動完成。

在蘋果計算機前工作時，用戶會遇到「源堆棧」(Home Stack)的「源卡」(Home Card)，見圖5-7。它是超級卡堆棧的主表，每個肖像(Icons)實際上是一個按鈕，引導出相應堆棧的第一張「卡」。

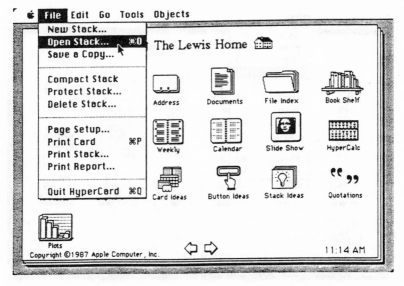

圖5-6　超級卡選項單㈠

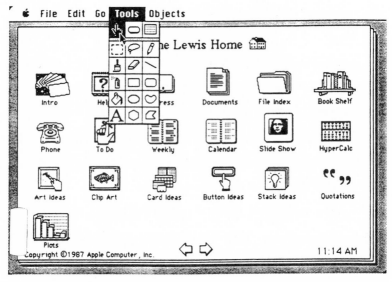

圖5-6　超級卡選項單㈡

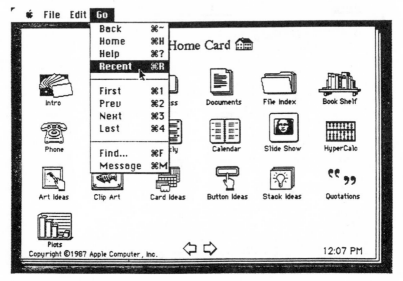

圖5-6　超級卡選項單㈢

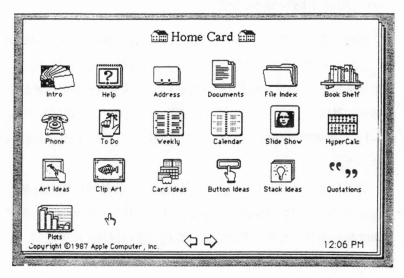

圖5-7　「源堆棧」的「源卡」

（三）超級卡的使用功能

　　以下五種功能是對應五種層次的用戶而言，比如初級用戶，如讀者可以使用「瀏覽」功能；而用超級卡來進行某種信息檢索系統的設計者，則使用「描繪」、「特許」等功能。

　　1.瀏灠：查找信息。

　　2.打字：輸入數據和數據編輯。

　　3.描繪：使用圖形工具。

　　4.特許：使用按鈕或「字段」的特定工具。

　　5.書寫：產生或條改超級卡語言(Hyper-Talk)的正文。

（四）超級卡的特點和問題

超級卡用於小型的信息系統是非常有效的，給用戶非常直觀的環境；它可以使用「布耳檢索」或「權重」的查找；它運行於網絡上，可用電話撥號連接另一臺計算機（只要將肖像移至該計算機的地址卡上即可）；對音樂、聲音、圖像都有很強的處理功能，能連接CD-ROM，CD-I和錄影碟等；堆棧可以作為一個計算器,可產生統計報表或圖表；價格便宜。

它的缺點是不能用於大型的信息系統，一般數據庫的記錄超過50萬個則不宜使用；在字段中的正文，要求式樣和大小相同，限制了有些軟件的開發；另外，由於蘋果計算機容量和屏幕大小受限制，也影響一些信息系統的使用。

二、超級卡在圖書館的應用

超級卡廣泛應用於圖書館的「讀者指南」系統，一些大學的圖書館，在進口的大廳，置有利用超級卡編製的蘋果電腦圖書館指南，讓讀者通過電腦自行解決指南問題。

超級卡還具有許多圖書館的管理功能，如期刊的驗收和催詢，維護錄音、錄像磁帶的目錄，圖書的出納，館際互借，讀者諮詢以及作為訪問CD-ROM的軟件等。由Walking Shadow出版公司開發的小型圖書館的計算機管理系統，使用了超級卡的軟件，系統稱為"Open Stack"。

第四節　Mosaic

　　成立於 1985 年二月的美國國家超級計算機應用中心 (NCSA) 在 1992年發展出一種全新的網絡瀏覽器，並於次年推出使用。它被命名為Mosaic。Mosaic是第一個用來檢索聲像圖像多媒體資料的網絡瀏覽器，作為環球網 (WWW) 網絡中的一部份，它既可以被運用在個人電腦，如PC視窗或蘋果電腦上，也可以被運用在以UNIX為基礎的計算機上。在國際電腦網路 Internet 上，Mosaic 可以被看作是一種「客戶器」，它通過用戶自己的終端向外界尋回所需的信息圖像資料。由於環球網成功地將超級正文應用在國際電腦網路上（詳見第六章）， Mosaic 作為一種通用性很強的網絡軟件界面，能在不同的軟硬件信息系統之間傳遞信息，因此可以說Mosaic是一個很好的超級媒體超級正文檢索系統綜合體。下圖是美國國家超級計算機應用中心的 Mosaic「網址頁」(Home Page)的詳細介紹：

　　圖中的Mosaic分成以下幾個部份：

　1. 文件檢視窗(The Document View Window)

　　Mosaic螢光屏上最重要的一部份是文件檢視窗，它裡面存儲著讀者正在需要檢視的所有文檔。通常這些文檔都經過超級正文標號語言(HTML)編排，然後通過Mosaic轉換成一組組款目、目錄、圖案、表格在螢光屏上以不同於其他文字圖像的特強光形式顯示出來，讀者可以根據自己的需要對這些閃亮的主題進行隨心所欲抽絲剝繭式檢索。（參見圖5-8中Document Area）

　2. 旋轉球 (The Spinning Globe)

　　旋轉球是Mosaic的註冊商標。只要Mosaic一開始搜尋資源信息統

Welcome to NCSA Mosaic, an Internet information browser and World Wide Web client. NCSA Mosaic was developed at the National Center for Supercomputing Applications at the University of Illinois in Urbana-Champaign. NCSA Mosaic software is copyrighted by The Board of Trustees of the University of Illinois (UI), and ownership remains with the UI.

Each highlighted phrase (in color or underlined) is a hyperlink to another document or information resource somewhere on the Internet. *Single click* on any highlighted phrase to follow the link.

NCSA Mosaic Flavors

NCSA Mosaic comes in three flavors. The most recent version number follows each hyperlink.

- NCSA Mosaic for the X Window System (v2.7b5)
- NCSA Mosaic for the Apple Macintosh (v3.0b2)
- NCSA Mosaic for Microsoft Windows (v2.1.1)

Starting Points

The following resources are available to help introduce you to cyberspace and keep track of its growth:

- A glossary of World Wide Web terms and acronyms
- An INDEX to Mosaic related documents
- NCSA Mosaic Access Page for persons with disabilities
- Mosaic and WWW related Tutorials
- Internet Resources Meta-Index at NCSA
- Suggested Starting Points for Internet Exploration
- What's New with NCSA Mosaic and the Internet

Special Notices

- LiveCD Technology
- The Fifth World Wide Web Conference (May 6-10, 1996 - Paris, France)
- International World Wide Web Conference Committee - IW3C2
- SGML on the Web and the first SGML Web Browser, Panorama
- NCSA's VRML home page
- U.S. Department of Commerce Agencies -- connect to the World Wide Web (WWW) "Home Pages" of the individual agencies.
- Department of Commerce On-Line Information Services -- connect to FTP, Gopher, and WWW servers -- including STAT-USA , which provides access to the the Budget of the United States Government, Fiscal Year 1997.
- Connect to the White House WWW server -- provides access to other Federal government WWW pages.

圖　5-8

一定位點(URL)，小球就會立刻發光旋轉。雖然小球旋轉本身並沒有計算機程序作用，但是它對用戶關係重大，因為它明白地告訴用戶 Mosaic 正在為你接通進入你所想要見到的信息資源。參見圖 5-8 中

Mosaic Logo。

3.狀態桿(The Status Bar)

在文件檢視窗底部有一條狀態桿，亦可以稱它為狀態行。狀態桿的作用與其他計算機電腦裡的狀態行一樣，也是用來顯示出某種狀態的。Mosaic的狀態桿顯示兩種重要的作用：當用戶把鼠標移入一個主題進行超級正文鏈接時，狀態行裡面會首先顯示出所鏈接的資源統一定位點地址，然後當用戶按下鼠標令其接入，狀態行會再顯示出網絡的鏈接處理程序，計算出傳輸的字節量。狀態桿的這兩種作用都非常有用，因為在確定接入之前，狀態行裡先揭示出資源統一定位點地址，用戶可以先行決定是否需要進行跳越式鏈接。舉例來說，當用戶從資源統一定位點上得知對方遠離本土，存在著一定的時差，很可能對方正值上班高峰，接入很困難或者要費時很久，為了不浪費時間，用戶便可以暫時放棄這一檢索，先轉向檢索下一個主題。

4.垂直滾動桿(The Vertical Scroll Bar)

文件檢視窗的右邊是一條垂直滾動桿。它的作用和其他計算機裡的垂直滾動桿完全相同，告訴人們如果信息文獻大於屏幕，用它可以檢視出文獻的其他部份。用超級正文標識語言編排的文件大多數都是超大型的文獻資料，而且擁有大量的圖像信息，因此垂直滾動桿的作用亦十分重要。

5.信息資源統一定位格(The URL Display)

文件檢視窗上方是十分醒目的信息資源統一定位格，裡面有信息資源統一定位格式的具體地址。它包括兩個部份，文件名稱欄和文件統一定位地址欄。

對一些較短的超級正文標識語言文件而言，展示出文件名稱似乎並不重要；但是對那些較長的或特長型的超級正文標識語言文件來說，

在信息資源統一定位格裡顯示出文件名稱相當重要，因為在用滾動桿檢視下半頁文獻時，文獻的上半部份從螢光屏上消失了，這時在統一定位格中的文件名稱便起到提醒用戶他正在檢視那一個文件。

文件統一定位地址欄提醒用戶注意正在傳輸那一文件到自己的計算機裡面。最新的Mosaic版本上文件統一定位地址欄是活動的，如果知道文件的具體地址，可以把鼠標移到欄裡按動，然後打出具體地址送入，便可以接通該地的數據庫。這對檢視類似的信息資源統一定位地址中用戶所熟悉的文件十分有用。

6. 航行鍵(The Navigation Buttons)

雖然所處的位置各異，不同種類的 Mosaic 都擁有自己的航行鍵。它們都用「箭號」作為航行鍵，上箭號為沿檢索原路返回鍵，下箭號作為往前檢索鍵，左向箭號為前頁鍵，右向箭號為下頁鍵。按動航行鍵便可以從本位頁開始逐頁進行檢視。美國國家超級計算機應用中心剛開始推出Mosaic時，曾為其設計了專屬於該中心的本位頁；但是目前推出的版本決定讓網絡上的用戶自行設計自己喜歡的本位頁，這樣無論從技術上還是趣味上都對建立推廣使用這一最新最生動的網絡超級多媒體服務提供了方便。

7. Mosaic計算機軟件

位於伊利諾斯大學的美國國家超級計算機中心免費提供 Mosaic 計算機軟件，只要接入國際電腦網路便可以獲得有關信息，並從該中心拷貝適用於自己計算機的軟件。當然，一些應用Mosaic的副件是需要付版權費的。從該中心的計算機上拷貝軟件可以運用 FTP 指令（即用FTP接ftp.ncsa.uiuc.edu）， 視窗Mosaic軟件位於Mosaic文檔的子目錄 ／ PC ／ Windows 上，最新的 32–bit 視窗 Mosaic 位於文檔 wmos20a7.zip的子目錄 ／ Web ／ Mosaic ／ Windows ／ 上。

主要參考文獻

1. Nelson, Theodor H., "A Conceptual Framework for Man-Machine Everything," in *1973 National Computer Conference and Exposition*, June 4–8, 1973, New York, AFIPS Conference Proceedings, Montvale, N.J., AFIPS Press, 1973.

2. *Proceeding of the Hypertext Standardization Workshop*, Jan. 16–18, 1990, National Institute of Standard and Technology, NIST Special Publication 500–178, March, 1990.

3. Dam Marmion, "Hypertext: Link to the Future," *in Computer in Libraries*, June, 1990.

4. David Ellis, *New Horizons in Information Retrieval*, Library Association Publishing Ltd., London, 1990.

5. Gluck, Myke, *HyperCard, Hypertext, and Hypermedia for Libraries and Media Centers*, Libraries Unlimited, 1990.

6. Ching-chih Chen, *Hypersource on Multimedia / Hypermedia Technologies*, LITA Publication, 1989.

7. Kathryn Nesbit, "BRS/LINKS to the Future: Online Hypertext Is Born," in *ONLINE*, May, 1990.

8. Paul Kahn, "Publishing Webs of Information at Brown Uni-

versity," in *CD-ROM Professional*, Sep., 1990.

9. Gaines, Brian R. and Joan N. Vickers, "Design Considerations for Hypermedia Systems," in *Microcomputers for Information Management* 5(1), March, 1988.

10. CasaBianca, Lou, "Hypermedia Map," in *Hypermedia Premier Issue Summer*, 1988.

11. Eager, Bill, *Using the World Wide Web*, Que Corporation, 1994.

第六章　國際電腦網路

進入二十世紀末的九十年代，「信息超級公路」或「電子超級公路」這兩個新名詞已經越來越廣泛出現在人們的日常生活當中。在高等教育，計算機領域和圖書館信息領域它尤其受到重視。國際電腦網路，或稱國際計算機互聯網絡（英文為Internet），這個名詞概念已經不再是計算機科學、電子工程學的專屬名詞，它也成為社會科學、人文科學裡人們所熟悉常用的名詞。

國際電腦網路可以被稱為是超級網絡，因為，它是一個連接著成千上萬臺各種計算機的超級通訊網絡系統。國際電腦網路起源於美國，目前已經發展成為一個全球性的網絡體系。初看，國際電腦網路似乎是一個非常龐大的網絡，可是實際上它是由一系列複雜的各種類型網絡，通過這些網絡上各種計算機的互動、操作、傳遞而形成的。這些小型網絡都各自獨立存在，而這些小型網絡上的計算機絕大部分採用遵循一組共同的計算機協議，因而使網絡上的所有用戶能夠相互工作。能夠在全球範圍內如此眾多複雜、類型異同的計算機之間進行數據交換、傳遞、輸送，是國際電腦網路最值得驕傲的地方，也是它顯示出的技術所在。通常在國際電腦網路上進行的活動有：

1. 遠距離的電子郵件，數據文檔交換。

2.與其他網絡的用戶進行聯線作業。

3.加入電子郵件欄或參加電子會議。

4.接收電子出版物。

5.接通進入遠距離的數據庫。

6.接入遠距離的科學計算機儀器,如超級電腦、圖像處理遙控感應
　裝置等。

7.接通進入許多公共電腦設施獲取免費計算機電腦軟件。

第一節　國際電腦網路的起源及構成

　　一般認為國際電腦網路的早期概念出現應該歸功於保爾‧拜論
在六十年代發表的一篇論文。這一早期的概念在以後成功地被運用到
美國國防部高級防衛研究中心研發出的電腦網絡上,該網絡英文縮寫
為ARPANET。ARPANET便是今天國際電腦網路的前身。必須指出,
在研究發展ARPANET時,為了實現在網絡上各種計算機硬件之間、
低級網絡協議之間實行調節統一,研究人員在七十年代初發展出
TCP/IP協議。TCP/IP是前文提到的國際電腦網路上各個子網絡統一遵
循的計算機網絡核心協議。美國國防部的ARPANET網絡在八十年代
初分裂成為二個網絡,有關國防軍事方面的建立了自己的網絡(稱之
為MILNET),從事研究開發和其他工作的仍舊留在ARPANET。到了
1985與1986年,美國國家科學基金會決定開始建立一個超級計算機中
心並計劃以此為主幹形成一個全球範圍的網絡系統。這個網絡稱為國
家科學基金網(英文縮寫為NSFNET)。由於新技術的不斷採用和網絡
結構不斷合理化,使ARPANET網絡逐漸被新出現的網絡所淘汰。1990
年,美國國防部終於決定放棄了這個網絡。代之而起,成為形成國際

電腦網路主要支體的網絡有美國國家科學基金網和其他一些網絡體系。美國國家科學基金網已經成為國際電腦網路的主幹網，其他的網絡包括美國國家太空航空科學網（英文縮寫為NSI）、美國國防數據網（英文縮寫為DDN）、能源科學網（英文縮寫為ESnet）、所有的中級區域網絡（如加州教育科研網，新英格蘭學術研究網，明尼蘇達州際網）等等。由於國際電腦網路是由不同的各種網絡協同工作形成的網絡體系，因此在八十年代初專門成立了「國際電腦通訊網絡建築局」（英文縮寫為IAB），下屬「國際電腦通訊網絡工程工作組」（英文縮寫為IETF）和「國際電腦通訊網絡科研工作組」（英文縮寫為IRTF），統一監督管理整個網絡。目前其網絡工程工作組已成為制定國際電腦網路國際通訊標準的主要成員，而科研工作組則負責網絡的發展、維護和新的信息傳遞實驗。

除了國際電腦網路之外，尚有一些不屬於國際電腦網路的大型網絡。這些網絡對學者和從事圖書信息科學的人員也起著相當大的作用。它們雖然不是國際電腦網路的一份子，但是借助網絡通道這些網絡上的用戶一樣可以與國際電腦網路上的用戶互相收發電子郵件。以下是幾個主要的網絡：

（一）比特網(BITNET)

這是一個以美國各學術機構為主的合作性網絡。它於1981年將耶魯大學與紐約市立大學的主機連接成網，並且在不到兩年的時間裡面將其網絡擴展成擁有二十幾所大學，遠達加州的全國性網絡。但是，由於比特網開始建立時是以IBM的主機為基礎發展起來的，最初加入這個網絡的祇能是使用IBM主機或兼容機的大學，以後隨著相應軟件的開發，才使非IBM用戶得以成為這個網絡的一份子。現在它已經成

長為僅次於國際電腦通訊網絡的全球性網絡。比特網是一個轉送文檔
為主的網絡，由於其網絡的結構及工作方法，它不可能使用戶之間立
刻得到對方的回答，同時其數據傳送率亦遠較美國國家科學基金網為
低。不過通過網絡通道的聯結，它可以和國際電腦網路互換電子郵件。
目前，許多地方借助於加入了中級區域網絡，成為既是比特網的網絡
節點，又是國際電腦網路的網絡節點。

（二）FidoNet

這是一個以個人電腦為基礎，信息通報系統（英文縮寫為bbs）用
戶之間的聯盟網。由於建立者最初使用的軟件為Fido，因而得名。該
網絡建立於1984年，目前以信息通報系統為網絡節點來計算，也已經
發展成為擁有數千個網絡節點的全球性網絡。FidoNet主要的功用為公
眾會議傳輸信息，同時在它的許多網絡節點上也可以進行私人信息交
換。借助網絡通道，FidoNet可以和其他網絡接通，而且祇要它的網絡
節點提供私人信息傳遞服務，它就能與國際電腦網路上的用戶接通。

（三）商業信息通訊服務

除了以上提到的網絡以外，還有一些不屬於國際電腦網路，但是
可以為用戶提供電子郵件服務的商業性網絡。如美國的「美國聯線公
司」（英文為American Online）和「計算機服務公司」（英文為
CompuServe）等，都屬於這類商業性的網絡聯線服務。這些公司能為
用戶接通各種數據庫、軟件貯存庫，提供電子會議、電子郵遞等各種
服務。同樣，借助於網絡通道，這些不屬於國際電腦網路的商業性網
絡也可以與國際電腦網路聯網交換電子郵件。

第二節　國際電腦網路主要的服務項目

在國際電腦網路上，通過許多不同的計算機網絡軟件，可以從事範圍很廣的電腦資訊通訊檢索活動。國際電腦網路所提供的服務非常廣泛，但是從網絡通訊技術上歸納起來可以有四個方面。

其一，電子郵件網絡服務，即收發輸送電子郵件；

其二，Telnet網絡服務，即通過Telnet指令將某個終端與某個遙遠的網絡節點連接起來，使用戶能夠將自己的電腦與遠在世界另一端網絡節點上的計算機接通，從而使用該節點上的服務項目；

其三，FTP 網絡服務，FTP 網絡服務能夠使用戶將其他網絡節點上的文檔整個拷貝調動過來，也可以將自己的文檔拷貝調動過去；

其四，「客戶器／服務器」網絡服務（英文為client/server），這裡的「客戶器」與「服務器」是指兩組計算機網絡軟件，其功用為聯接兩地的計算機，「客戶器／服務器」網絡技術是目前國際電腦網路服務上普遍受到重視的網絡通訊技術，最新的網絡服務都採用此種通訊技術，下文中的網絡軟件和網絡軟件服務將會對它們的具體作用進行描述。由於國際電腦網路上所進行的網絡服務範圍非常廣泛，本章只能就其主要的與圖書館職能有關的網絡諮詢服務作一些簡單的介紹。

(一) 電子郵件

通過國際電腦網路進行電子郵件信息傳遞是國際電腦網路所提供的最廣泛使用頻率最高的服務項目。電子郵件使用戶通過網絡相互進行信息交流。任何一位國際電腦網路上的用戶都可以和網絡上的其他用戶進行信息收發，甚至和其他網絡上的電子郵件系統進行信息收發（如前文提到的CompuServe等）。電子郵件的收發並不僅僅局限於個人之間的信息傳遞，任何以文字體為形式的文檔，如計算機程序欄、通告啟示、電子雜誌等都可以進行收發。不僅如此，一些非文字體的信息，如圖形圖像等亦可以通過計算機譯碼器將之先譯成計算機能夠辨認的文體輸送出去，在接收時再通過解碼器將其還原成圖形接收下來。因此，實質上可以說電子郵件是能夠將任何數據傳遞給任何人。國際電腦網路上的電子郵件服務是其網絡和網絡化發展的基礎，也是其網絡服務多樣化的發展基礎。

(二) FTP（文檔傳輸協議）

FTP是英文「文檔傳輸協議」的縮寫。但是在國際電腦網路上這個縮寫的涵義已經遠遠超出了傳輸協議的本身，它代表的是網絡上的一種非常重要非常有用的服務功能。利用它可以將網絡上的整個一個文檔從某一網絡節點上拷貝調動到網絡的任何其他節點。與絕大多數國際電腦網路上的服務項目一樣，FTP在技術上是運用「客戶器／服務器」網絡服務的原理來進行工作。用戶在自己的電腦上通過「客戶器」軟件發出FTP指令，與遠程某一網絡節點上的「服務器」接通。用戶在自己的終端上發指令，而遠在另一地的「服務器」按你的指令進行工作，將你所需要的文檔從該地傳送過來，你的「客戶器」軟件

接收到文檔後便會自動儲存到你的電腦目錄裡。作為一名國際電腦網路的用戶，任何人都可以利用FTP指令進行文檔存取，既可以將自己的文檔傳輸過去，也可以將對方的文檔拷貝過來。唯一的條件是，當你希望接通進入某一網絡節點時，必須擁有用戶標識符和通行密碼，否則你是無法接通該計算機系統的。

目前，國際電腦網路上的許多網絡節點都提供一種命名為「無名氏」的用戶標識符。當用戶用"FTP"指令接通該網絡節點時，可以用「無名氏」作為用戶標識符，進入該計算機系統。而該網絡節點會要求用戶報出自己的姓名與網絡地址，作為「通行密碼」。與此同時，該網絡節點亦可以根據所報出的姓名和網絡地址掌握自己的文檔給誰拷貝了。「無名氏FTP」是國際電腦網路上的一種大眾化的FTP服務項目，它的出現使得國際電腦網路上的任何用戶都能受益於FTP服務項目。它不需要特定的用戶標識符和通行密碼，不收任何費用，更重要的是由於成千上萬的網絡節點提供這種服務，其數量之多信息之廣泛，使它成為一個前所未有無法用數字來計算的信息圖書館，而且這個圖書館還在不斷地擴大成長著。對於圖書館信息諮詢專業人員來說，了解掌握「無名氏FTP」的涵蓋面和熟練運用「無名氏FTP」是十分有用且非常有幫助的。但是，國際電腦網路上成千上萬的「無名氏FTP」，如何才能在如此眾多的文檔之中找到自己所需要的資料呢？國際電腦網路上的另一個服務項目「阿奇」英文為"Archie"為檢索FTP數據庫提供了有效的手段。

（三）阿奇服務(Archie)

國際電腦網路上存在著許多被稱為「阿奇服務器」的計算機，這些計算服務器發揮相當重要的檢索功能，它們能夠有效地協助用戶找

出那些「無名氏FTP」擁有用戶所需要的文檔和資料。「阿奇服務」工作原理是用軟件程序將「阿奇服務器」與所有的「無名氏FTP」聯繫起來，定時將網絡上不斷出現的免費信息資料文檔目錄儲存到一個名為「國際電腦網路檔案數據庫」的數據庫裡面，編成索引。當用戶利用「阿奇服務」時，「阿奇」便對自己的檔案數據庫進行檢索，然後排列出那些「無名氏FTP」裡擁有用戶所需要的文檔和目錄，同時還會告訴用戶獲取資料的途徑。用戶得知自己所需的文檔在何處後，便可以用FTP指令告訴該地的網絡節點將文檔輸送過來。在全球範圍內，每一個「阿奇服務器」負責追蹤國際電腦網路上某一區域範圍內的所有「無名氏FTP」。例如，澳大利亞阿奇服務器專門負責追蹤所有澳大利亞的「無名氏FTP」。 具體的利用阿奇服務器來尋找「無名氏FTP」有三種方法，其一、用Telnet指令接通「阿奇服務器」，使用這一方法用戶必須持有阿奇用戶識別符和通行密碼；第二種方法如果用戶自己的網點上擁有阿奇「客戶器」功能（上文提到的「客戶器／服務器」關係），可以利用自己的「客戶器」自動與外界的阿奇服務器接通，進行檢索，這種方法比較簡單；第三種方法是通過電子郵遞，向外界的阿奇服務器發出電子郵件，請求幫助，阿奇服務器會將檢索結果再發送回來。

（四）韋斯服務(Wais)

國際電腦網路上的所有信息服務當中，韋斯服務是一項與眾不同的服務，因為它只檢索專為其設計的數據庫，所以韋斯服務不用規範的檢索手段，而可以用自然語言來進行檢索。它的名稱來源於英文 Wide Area Information Service 的縮寫，意思為大範圍的信息諮詢服務。韋斯服務起源於早期三家商業公司（蘋果、思維機器、道瓊公司）

的一項開發研究。起初的構想十分雄心勃勃，三家公司認為，隨著日益增加的無窮無盡的信息資料，必須設計出一種計算機相應的軟件，能夠幫助人們在浩若煙海的信息資源裡自動尋找追蹤自己所需要的數據資料。這項發明應該可以擔當起人們的私人圖書館諮詢參考顧問，協助人們節約時間，緊跟信息的瞬息變化，更新遞增。舉例來說，當一份當天的厚達四五十頁的華爾街日報以電子郵件形式傳送到你的私人電腦螢光屏前時，該軟件系統就已經先行將你所關心的股票消息挑選出來呈現在你面前，不但如此，你還可以告訴電腦那些東西你不想看，那些東西你最感興趣，一有發現立刻儲存起來。這實在是一個相當吸引人的構想，韋斯服務便是在這樣一種構想的前提之下發展起來的。

　　韋斯服務是國際電腦網路上一種情報信息檢索服務，它能夠對數百種特定的全文信息數據源進行檢索。用戶可以利用關鍵詞進行檢索，把關鍵詞告訴韋斯服務，韋斯服務便會自動對用戶所指定的某一個數據源進行全文關鍵詞檢索，從而檢索出用戶所需要的資料。當然，檢索數據源裡的資料有些是免費的，有些則不然。在國際電腦網路上利用韋斯服務的方法基本上與利用「無名氏FTP」相同，即使用上文所提到過的用Telnet指令接通，或以「客戶器／服務器」的網絡關係來接通。對圖書諮詢專業人員來說，韋斯服務是一種非常有用且與其專業有關的服務，因為它既提供關鍵詞檢索又提供全文資料。唯一的不足是目前在國際電腦網路上雖然存在著數百種全文數據源，但與全文信息的需求量來相比，其信息數據資源還遠遠不能滿足需要。同時，當用戶想要檢索一個自己所熟悉的全文數據源時，還必須先了解清楚韋斯服務是否獲准接通進入該數據源。

（五）Gopher（田鼠服務）

田鼠服務是國際電腦網路上較早出現，目前最普遍的一種服務。它是由美國明尼蘇達州大學設計發明的。它的優點是使用十分簡單，如果說在國際電腦網路上挑選一種最容易掌握的信息檢索服務，那麼被選中的一定會是田鼠服務。由於田鼠服務是國際電腦網路上早期出現的網絡服務，它不但易學好用，且其揭示數據文檔的樹狀結構、目錄展示信息界面也十分受到用戶的肯定，所以目前幾乎所有國際電腦網路上的信息源都建立了自己的田鼠服務。但是，信息資源是多樣化的，對信息的需求也是多樣化的，由此才會出現不同的信息諮詢服務和信息檢索手段。舉例來說，在國際電腦網路上可以利用田鼠服務來接通進入無名氏FTP文檔，不過如果直接使用FTP指令當然就更快更方便了。

與以上提到的幾種服務一樣，田鼠服務的工作原理也是通過「客戶器／服務器」之間互相工作在進行的。在國際電腦網路上大多數高等院校，商業公司，各種服務機構的網絡節點上都有「田鼠服務器」，一些綜合性大學的系和研究所更有其自己的「田鼠子服務器」，這些田鼠服務器都免費為任何人提供信息。

第三節　環球網服務 (WWW)

環球網或稱全球資訊網，其英文名稱有好幾種，既可以稱之為Web，也可以稱它為3W，或W3，它的英文全稱為 World Wide Web。環球網是利用超級正文技術發展出來的一種網絡化服務，因此也可以稱它是離散形超級正文服務系統。環球網服務是在國際電腦網路上運行的

一種網絡服務，但是，由於它成功地將超級正文、超級媒體、與國際電腦網路三者混為一體，為信息的傳遞開創了全新的圖像、聲像、動畫、文字並行立體效果，它已經成為國際電腦網路上最新發展最快的信息服務。它的名字——WWW也受到人們越來越廣泛的喜愛。

環球網起源於瑞士日內瓦的歐洲核子物理研究中心 (CERN)，它的設計構想是為人們提供一種統一的檢索手段來檢索任何形式的文件信息。由於運用了超級正文檢索方式，環球網已經將國際電腦網路上不同地點的相關數據信息有機地編織在一起，從而為人們提供了這樣一種友好的信息查詢接口：用戶只需提出查詢要求，到什麼地方查詢及如何查詢則全由環球網服務自動完成。因此，環球網服務為用戶提供的是全世界範圍的超級正文服務，只要操縱計算機鼠標，用戶就可以通過國際電腦網路從全世界任何地方調來所需要的文本、圖像（包括活動影像）、和聲音等各種信息。環球網服務與國際電腦網路上的田鼠服務和韋斯服務最大的區別是它展示給用戶的是一篇篇文章，而不是那種令人時常費解的標題說明。因此，用它來檢索信息具有很強的直觀性。

環球網服務的三個主要技術標準是：

1. 信息資源統一定位格式（英文縮寫為 URL，全文為 Uniform Resource Locator）

2. 超級正文傳送通訊協議（英文縮寫為 HTTP，全文為 HyperText Transmission Protocol）

3. 超級正文開發語言（英文縮寫為 HTML，全文為 HyperText Markup Language）

這三個技術標準使環球網上的服務器和客戶器在為用戶提供服務檢索顯示信息時，與其他網絡協議之間的網絡聯網工作鋪平了道路。比如，

通過環球網也能為用戶提供FTP服務或田鼠服務等其他網絡服務。信息資源統一定位格式(URL)統一了網絡上眾多不同的網絡協議,其功用可以限定FTP文檔檢索、搜尋各種新聞消息渠道組織、找出電子郵件的確切地址、辨別由超級正文傳送通訊協議管理的文件;超級正文傳送通訊協議 (HTTP) 本身是環球網服務用來傳遞信息最主要的網絡協議,它規定用戶的「客戶器」首先得與目標「服務器」接通,然後由「客戶器」向「服務器」指出自己所需要的信息文件,「服務器」再向「客戶器」發回檢索結果,最後中斷聯結。這一網絡協議的原理看上去很簡單,但是它的實際運用已被證明是非常有效的;超級正文開發語言(HTML)在環球網服務中的作用是它以標籤的形式將信息正文用一種特別的方法限定起來反映給用戶,同時它又能夠把超級正文互相聯結起來,使用戶可以在不同的文件之間進行跳躍式的查詢。從圖6-1中可以看出以超級正文開發語言限定的信息正文在國際電腦網路中與其他信息資源之間的關係。

圖中央環球網服務器中儲存著以超級正文開發語言限定的信息資源,它與其他的環球網服務器、FTP服務器、田鼠服務器聯結,又與遠程網絡節點聯結,因此各處用戶通過遠程接入指令(如Telnet指令)都可以接通環球網服務器進行檢索。

與國際電腦網路上的其他網絡服務原理一樣,環球網的工作模式也是以「客戶器/服務器」之間的聯繫來完成的。目前,在國際電腦網路上的環球網服務器正以驚人的速度增長,它們是信息的提供者,而新增加在用戶計算機上的環球網客戶器為用戶提供了友好的使用界面,同時將用戶的信息查詢請求轉換成查詢命令傳送給網路上相應的環球網服務器進行處理。以UNIX為基礎的環球網客戶器程序主要有兩類:第一類是以LYNX為代表的面向字符操作的環球網服務器程序,

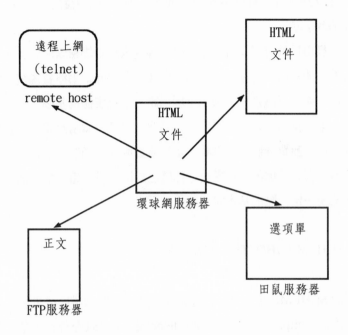

圖6-1

它是美國堪薩斯大學研製的，主要供不具備圖像和聲音功能的電腦或計算機終端使用，相同的程序還有歐洲核子物理研究中心研製的CERN Line Browser；第二類是以美國國家超級計算機應用中心的NCSA Mosaic為代表的面向多媒體電腦的環球網客戶器程序，它既可以在各種超級小型計算機上運行，也可以在各種個人電腦和以UNIX操作系統軟件平臺上運行，通過視窗界面，用它不但可以瀏覽正文信息，還可以顯示出與正文內容相配合的圖像、影視和聲音（有關NCSA的Mosaic可參見第五章的介紹）。另外，用於X視窗的環球網客戶器程序還有Viola, Midas WWW, Chimera和tk WWW；用於蘋果電腦的環

球網客戶器程序有 MacWeb 和 Samba；用於微軟視窗的程序有 Cello,
WinWeb等等。

　　一旦用戶擁有了環球網瀏覽器準備進入環球網檢索時，首先必須
輸入準確的網絡資源統一定位點（URL）的地址。網絡資源統一定位
點是環球網用以識別接入國際電腦網路上信息資源的基礎。一個定位
點由一串字符組成，代表國際電腦網路上的某一處信息資源。對用戶
來說，可以簡單地將定位點看作是網絡資源的分類號。當你用環球網
瀏覽器打開某一處的定位點後，你就已經開始進入這一信息源了。網
絡資源統一定位點的基本組成部份如下：

SCHEME://HOST:PORT/PATH

這裡的 SCHEME 指的是一種通過國際電腦網路來獲取或者發送信息
的方法，如http, ftp, gopher, wais, telnet等；HOST是儲存著信息資源
的計算機主機；PORT 是一組特殊的數字，它用來識別用戶向檢索源
提出的要求，因為很可能用戶提出的要求並不在對方標準服務範圍之
內；PATH是對方某一種具體的信息資源方位地址。

　　在瀏覽環球網時，雖然還會碰到一些不同格式的網絡定位點，但
是所有的定位點所起的作用都是一樣的。網絡資源統一定位點的出現
為識別出國際電腦網路上的信息資源，為環球網瀏覽器鏈接由超級正
文標識語言編排的超級正文解決了非常重要的技術問題。

※環球網的網址起始頁(Home Page)

　　顧名思義，起始頁即信息資源的第一頁，因此也可將它稱為網絡
地址，即網址頁。在環球網上信息資源起始頁有兩種狀況，第一種是

儲存在所有環球網服務器上的信息資源起始頁。當用戶通過網絡資源統一定位點將對方連接到自己的多媒體瀏覽器（如 NetScape, Mosaic 等）上時，等於是接通了對方環球網服務器上的信息資源起始頁。舉例來說，按入網絡資源統一定位點http：//www.doc.gov/就是在接通環球網上美國國家商業部信息服務器（參見實例1）。這裡的英文http是英文超級正文傳送通訊協議的縮寫，www 代表環球網，doc 是英文document的縮寫，gov是英文government的縮寫，代表這是政府機構的網址。幾秒鐘後該信息資源網址起始頁便會出現在你的螢光屏上。網址起始頁是某一主題或某一公司機構信息諮詢的起始點，比如美國國家商業部信息服務器的起始頁提供的是以超級媒體鏈接諮詢商業貿易信息和政府機構部門諮詢，如果從該網址起始頁越入其中的國家標準技術局(NIST)，標準技術局的起始頁又會立刻出現在螢光屏上。(有關起始頁的使用可參見第五章中的Mosaic部份)

　　環球網服務器上的網址起始頁屬於網絡上的外部網址頁。另外一種類型的起始頁可以稱它為私人網址頁，這種起始頁是私人設計在自己電腦上的信息諮詢。每個人都可以用與環球網服務器所用的相同計算機語言來建立自己的諮詢網絡起始頁。比如，一位音樂教師可以建立起自己的信息諮詢網址頁，使之鏈接上環球網上所有的有關音樂資源；一位股票經紀人可以把全球的金融信息資源統統鏈接到自己的網址頁上；任何人都可以根據自己的需要建立起屬於自己的信息資源網址頁。

　　以下是幾幀信息諮詢網址起始頁的實例：

1. 香港環球網服務網址頁

URL address: http://www.hk.super.net/~rlowe/bizhk/bhhome.html

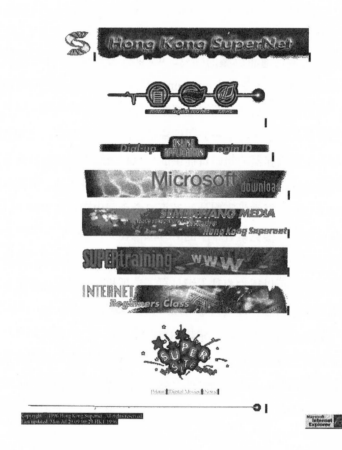

2. 世界銀行信息諮詢網址頁

URL address: http://www.worldbank.org

The World Bank Home Page

- ☐ **About The World Bank**
- ☐ **Current Events, Press Releases and Bank News**
- ☐ **Country/Project Information**
- ☐ **Sectoral Information**
- ☐ **Publications**
- ☐ **Research Studies**
- ☐ **The Inspection Panel**
- ☐ **What's New on the World Bank WWW Server**
- ☐ **Visit the IFC**
- ☐ **Visit the MIGA**
- ☐ **Search**
- ☐ **Questions/Comments**

3. 美國國家商業部的網址頁

http://www.doc.gov/

Welcome to the
U.S. Department of Commerce

The official seal of the U.S. Department of Commerce; and the main entrance of the Herbert C. Hoover Building in Washington, D.C., headquarters of the U.S. Department of Commerce.

Established on February 14, 1903, to promote American businesses and trade, the U.S. Department of Commerce is the most versatile agency in government. Its broad range of responsibilities include expanding U.S. exports, developing innovative technologies, gathering and disseminating statistical data, measuring economic growth, granting patents, promoting minority entrepreneurship, predicting the weather and monitoring stewardship. As diverse as Commerce's services are, there is an overarching mandate that unifies them: **to work with the business community to foster economic growth and the creation of new American jobs.**

Operation HELP:

Our Commerce Department family suffered a great tragedy last April when the Air Force plane carrying Secretary Brown and our colleagues crashed in Croatia. The last several months have been difficult ones for their families as well as their co-workers.

In our continuing efforts to respond to the needs of the victims' families, the Department has established a relationship with the Federal Employee Education and Assistance Fund (FEEA), a non-profit, tax-exempt organization. FEEA has established and will administer the Commerce Employees Fund for the purpose of assisting families with outstanding funeral and burial expenses, children's educational expenses and other needs related to loss of income. A Commerce Department committee has planned a campaign to solicit contributions to the Fund. We're calling the campaign "Operation HELP."

Contents

- ☐ What's New -- an on-line calendar of significant Commerce happenings, including new reports, press releases, conference announcements and access to on-line data bases.
- ☐ Information from the Office of Secretary -- includes speeches, press releases, Commerce publications and additional information about the Department of Commerce.

- ☐ NCSA Mosaic has been winning awards!
- ☐ Non-Commercial Use of NCSA Mosaic Source Code
- ☐ Commercial licensing of Mosaic technology with Spyglass, Inc.

4. 美國國會圖書館網址頁

URL address: http://lcweb.loc.gov/homepage/lchp.html

[text-only]

MORE Databases and Resources

Library of Congress Information System (LOCIS)
Vietnam War Era POW/MIA Database | LC MARVEL (Gopher)
Access to Catalogs at Other Libraries | Public FTP Site

The National Digital Library Competition NEW!

Information for Publishers | Standards

Explore the Internet

Library of Congress
Comments: lcweb@loc.gov (07/16/96)

5.美國國家地質測繪局網址頁

URL address: http://info.er.usgs.gov

U.S. Geological Survey

Click on an image to visit topics in geology, mapping, and water resources , or search for any topic.

Information about ordering USGS products!

Locations of USGS Map Dealers!

Welcome to the U. S. Geological Survey, a bureau of the Department of the Interior. USGS is the Nation's largest earth science research and information agency.

- ☐ What's NEW

- ☐ USGS News Releases

- ☐ General Information

- ☐ USGS Fact Sheets

- ☐ USGS by Theme

- ☐ The Learning Web

- ☐ Publications and Data Products

- ☐ Internet Resources

U.S. Geological Survey, MS804 National Center, Reston, VA 20192, USA
URL http://www.usgs.gov/index.html
Comments and feedback: webmaster@www.usgs.gov
Last modification: 06-06-96@04:00pm (mep)

主要參考文獻

1. Gilster, Paul, *The Internet Navigator*, 2nd ed., John Wiley & Sons, 1994.

2. Eager, Bill, *Using the World Wide Web*, Que Co., 1994.

3. Smith, Patrick N. with Guengerich, Steven L., *Client/Server Computing*, 2nd ed., Sams Publishing, 1994.

4. Swain, Leigh & Cleveland, Gary, "Overview of the Internet: Origins, Future, and Issues," *IFLA Journal*, Vol.20, No.1, pp. 16~21, 1994.

5. McLaughlin, Pamela Whiteley, "Embracing the Internet: the Changing Role of Library Staff," *Bulletin of the American Society for Information Science*, Vol.20, pp.16~17, Feb./Mar., 1994.

6. Amato, Sara, "Internet Reviews," *College & Research Libraries News*, No.2, p.89, Feb., 1994.

7. Richard, Eric, "Anatomy of the World-Wide Web," *Internet World*, pp.28~30, April, 1995.

第七章　電子圖書館

　　圖書館與圖書館技術隨著計算機技術、網絡通訊技術、電子數字
化信息技術的驚人發展，正在很快地由圖書館自動化計算機化走向超
越時空的圖書館電子化階段。當前，全世界範圍內的電子信息革命正
在為各行各業帶來翻天覆地的變化，電子圖書館和電子館藏、虛擬圖
書館和虛擬館藏的雛形已經出現，更多的諸如「虛擬購物中心」、「虛
擬銀行」、「虛擬電影院」等等「虛擬型」、「電子型」文明很快將會出
現在人們的日常生活當中。「虛擬」二字的涵義在此處是指可以超越
時空，即不用身臨其境便可獲得。在信息諮詢領域，「虛擬」的意思
同樣也是指不用身臨其境便可獲得的遠在他處的電子信息。讀者在自
己的終端上可以從外界的圖書館數據庫信息中心通過電子網絡信息傳
遞獲取信息資料，這些外界的圖書館、數據庫、信息中心對該讀者來
說，便可稱作「虛擬圖書館」、「虛擬數據庫」、「虛擬信息中心」。

　　電子圖書館的出現關係到傳統圖書館及其所有圖書館員進入到
了一個全新的技術領域，關係到人們對圖書館觀念的改變，它並且預
示著圖書館的未來。電子出版物、電子掃描與多媒體資料電子數字化
技術、區域性和全球性網絡技術是電子圖書館的重要基礎，它們與電
子圖書館的出現有著直接的聯繫，並影響著知識的傳播。本章主要論

述電子圖書館、電子出版物和電子館藏的基本概念，並概括出目前已經出現的各種電子圖書館功能，在這一基礎上預示描述出圖書館即將到來的變遷和發展趨勢。

第一節　電子圖書館的概念

一、什麼是電子圖書館？

廣義地說，電子圖書館是一座用計算機來處理各項工作的信息資訊所在地，或者說是一座用計算機來處理各項工作的信息數據貯存庫。從圖書館資訊科學的角度來說，電子圖書館不但應該通過計算機為讀者提供本館的線上目錄資料，還應該向讀者提供館內和館外的各種電子信息資源，它包括電子書目文摘索引、電子期刊內容提要數據庫、各類光盤資料檢索系統、電子全文數據庫、電子出版物、電子多媒體數字化信息資料庫、文獻電子傳遞、各類文檔網絡服務器和電子郵件等網絡通訊設備。

從目前電子圖書館的技術來看，電子圖書館可以被狹義地限定在以下幾個技術範圍之內——圖書館外聯電腦網絡化系統；圖書館自動化檢索系統和自動數據存儲檢索系統；區域性合成檢索系統；通過電子數字化掃描和電子映像技術建立的電子館藏。

由於信息諮詢技術的不斷更新和發展，特別是得益於圖書館目錄與圖書館服務的自動化、電子聯線檢索和光盤技術的應用、高速通訊網絡的發展、「客戶器／服務器」技術的出現和運用、超級正文技術的開發、和多媒體信息資源數字化掃描技術的不斷完善，電子圖書館或者說電子數據圖書館已經由幻想在變為現實。進入九十年代，電子

圖書館的雛形和電子圖書館服務已經出現。美國許多先進的大學圖書館正在有計劃地逐步向電子圖書館轉變，圖書館已經部份擁有並在繼續不斷增強電子圖書館的功能。館內的線上諮詢不但提供校內的線上目錄，還可以讓讀者在同一終端上查閱其他有關的數據庫，比如用「一號檢索」檢索OCLC的各個數據庫和期刊索引、或查閱區域性的圖書館的聯合信息資源（包括各圖書館館藏目錄、統一期刊目錄和內容提要）、　或借助本校的環球網瀏覽器上國際電腦網路檢索訪問其他世界各地的圖書館和信息諮詢中心等。圖書館的讀者還可以在圖書館內查閱各種電子期刊雜誌或期刊雜誌的全文索引數據庫，電子期刊雜誌數據庫的控制中心可以根據檢索者的電子郵政地址向讀者提供迅速的全文輸送；最新的電子圖書館功能還包括向讀者提供線上查閱電子百科全書、線上閱讀電子圖書和電子館藏等。

　　從傳統的圖書館向電子圖書館發展，目的是提供更有效更廣泛的服務。在今後很長的一段時間內，必然是傳統圖書館的印刷型等媒介和電子格式的文獻資源並行使用，也就是說傳統圖書館和電子圖書館將並行存在為讀者服務。館中一部分傳統的印刷型信息資源逐步地為電子格式形式所取代，特別是一些大型工具書、目錄、索引或有利於電子檢索的信息資源；有些則繼續保持傳統的印刷型格式。圖書館對其不同資源電子化的取捨，主要應該取決於其資源本身的重要性和電子化的經濟價值。十分重要的是，電子圖書館與傳統的信息資源之間必須建立起良好的界面，使讀者能夠通過電子格式來查詢傳統的信息資源。

　　電子圖書館是當代信息諮詢、網絡通訊、電子數字化技術迅速發展的產物，它已經不是一個簡單的概念。電子圖書館通過電子信息的運載工具和各種諮詢新技術的使用，增強圖書館信息服務系統的效率

和效益，使圖書館和讀者具備了追隨最新信息資源的能力。電子圖書館使圖書館內的館藏不斷的電子化，並使傳統圖書館有機地與外部世界的信息資源聯結起來，從而建立起一個龐大的綜合性電子信息諮詢數據庫，供讀者使用。電子圖書館的出現將為信息諮詢、科學研究、知識傳播、文化教育發揮巨大的作用。

二、電子圖書館的基本特徵

電子圖書館的基本特徵有：

1. 使用計算機來管理各種文獻信息資源。
2. 通過各種電子通訊手段，特別是通過網絡化來連接各種信息服務中心和其他的電子圖書館，包括區域性、國家和國際上的信息數據庫系統。
3. 運用新的圖書館技術，各種資料的電子掃描映像和電子數字化、館藏光碟存儲與檢索、建立大中型專題數據庫檢索系統，在電子信息諮詢的供求之間建立起良好的界面。
4. 當用戶在線上查找遇到問題時,館員能使用電子處理方式進行干預，為讀者解決解答問題。

一個完整的電子圖書館的概念是把電子信息諮詢及其技術引入圖書館內並進行各種有效的圖書館服務。這包括了圖書館內部的所有工作和圖書館對外的各項服務——內部的線上採購、編目、查詢、財務、人事、行政事務的處理等等；外部的讀者服務、流通、期刊管理、公共諮詢，對各種信息資源的檢索，建立各種網絡服務，為讀者訪問外界電子圖書館或文獻信息數據庫提供友好的界面。

電子圖書館的發展最終將要求對傳統圖書館內的所有資料實行電子數字化，通過對圖像、錄音、錄像帶、手稿、善本、珍本等各種

形式的資料的電子數字化，通過使這些原來無法通過電腦進行觀看、收聽、閱讀的文獻資料統統成為電子圖書館的館藏。此外，聲像資源自動化管理，自動化的視聽資料公共查詢系統，都屬於電子圖書館的發展範圍，當新的影視片到來後，讀者能從中得到推薦並通過網絡系統及時觀賞影視節目；電子圖書館甚至還可以通過衛星地面站，接收世界各地節目，存儲於計算機中作為教育資料在圖書館影視室放映，或接入教室為教學服務。

第二節　電子圖書館的基本構成和管理

本節以目前較為先進的具有電子圖書館功能的圖書館技術為基礎，綜合概括出一座電子圖書館的模式。它涉及圖書館的各種計算機自動化管理，電子信息的儲存和檢索，也涉及信息資訊網絡和電子數字化技術。

一、電子圖書館的模式

電子圖書館一般可以由三部分組成：各種用戶界面；各種類型的網絡和通訊系統；各種電子信息資源、數據庫和檢索系統。圖7-1表示一座綜合性電子圖書館的模型。

1.用戶界面

為了使電子圖書館的各種資源有效地方便廣大用戶或讀者使用，必須建立良好的用戶界面。它包括使用不同類型的個人計算機、工作

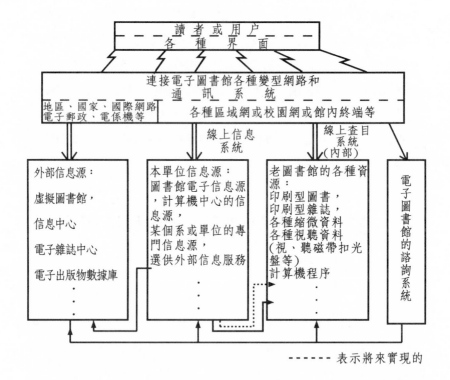

圖7-1 電子圖書館的模式

站、軟件、瀏覽器、服務器等，操作程序可以使用命令語言或選項單或直接手操法等方式進行，檢索方法越簡單越好，其目的只有一個，就是讓用戶訪問資源時有友好的界面、使用方便。

2.通訊系統

網絡和通訊系統是電子圖書館的重要基礎。沒有網絡和通訊系統，讀者和用戶就無法去訪問所需要的各種資源；若網絡系統不完善，則會造成很大的不便，從而失去了電子圖書館的意義。從宏觀的電子圖書館概念出發，通訊系統是一個整體化的建設，它包括一個單位內

的區域網絡以及地區、國家和國際網絡通訊系統的建設。

3.信息資源

信息資源的電子化是建成電子圖書館的關鍵所在。今後很長一段時間內圖書館將同時存在三種資源：本單位收藏或開發的電子信息資源、電子館藏；傳統圖書館的印刷型資料；外界電子圖書館、信息中心和電子出版物數據庫的資源等。因此，外界電子信息資源的選擇和鏈結、本館內特藏資源電子數字化數據庫的建立，就成為電子圖書館信息資源的主要來源。從長遠觀點看，還應該建立國家級的「電子聯合圖書館」、「聯合文獻數據庫」，為全國甚至全世界的圖書館提供電子服務。

模式中電子圖書館的線上諮詢系統十分重要，可以分為自我服務系統和請求幫助系統兩種。前者能在各終端或微機上顯示讀者指南，程序可以採用選項單方式，也可以用超級卡或視窗軟件來建立諮詢系統，自動指引讀者如何使用電子圖書館；後者為請求幫助系統，該系統應隨時準備提供各種幫助給用戶（見圖7-2），並且在讀者沒有中斷檢索的情況下，一步一步地幫助用戶解決問題。電子圖書館裡的各種信息專家，可以隨時接受讀者的線上訪問並提供諮詢，系統專家監控著這些活動，了解所有這些人–機對話的活動進行情況。

二、電子圖書館的作用

電子圖書館的作用之一是繼續提供傳統圖書館文獻的線上目錄和索引。由於在今後很長一段時間裡面，傳統的圖書館還在發揮其作用，所以如圖7-3所示，電子圖書館的功能之一是繼續以線上目錄的形式提供非電子信息資源的服務。

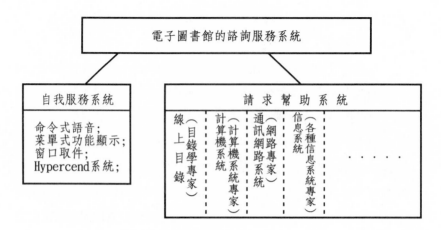

圖7-2　諮詢服務系統

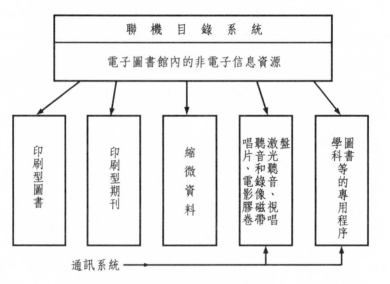

圖7-3　對非電子出版物的訪問

（一）電子圖書館的電子信息的服務（如圖7-4所示），主要包括：

1.線上目錄和館內工作系統

線上目錄系統，以目錄為入口，能進一步顯示書和期刊的章、節內容或全文；館內工作系統還包括線上編目、館際互借、電子化訂購等等作業。

2.全文存儲和電子館藏

將各類文獻轉換存儲在計算機的磁盤或光碟上，採用「自動數據交換機」為讀者提供檢索服務，提供特種電子館藏，電子期刊雜誌，包括多媒體資料的電子數據庫。

3.館內參考諮詢服務

以獨立型光碟數據檢索系統、區域網絡光碟系統，提供各種索引、文摘、參考工具書等，作為讀者的參考諮詢手段。

4.提供外界信息數據庫系統的檢索服務

可以檢索諸如：信息服務數據庫系統"Dialog"，"BRS"等；電子期刊雜誌數據庫；OCLC的一號檢索數據庫等。

5.通過國際電腦網路和環球網路訪問外界的電子圖書館和電子信息中心

6.以「客戶器/服務器」的形式向外界提供本館的FTP服務、田鼠服務、環球網服務

（二）通訊服務

用戶通過電子圖書館的通訊服務器或單位（校園）網絡的工作站，與城市、地區、國家或國際的網絡連接，進行館內或館外的通訊聯繫，

如收發電子郵件、舉行網絡電子會議、圖書館業務聯絡等等，還可以
訪問所需的信息諮詢，調動拷貝各種文檔。圖7-5是通訊服務的基本
功能

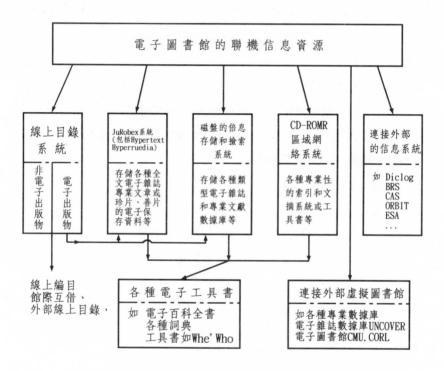

圖7-4　線上電子信息資源的服務

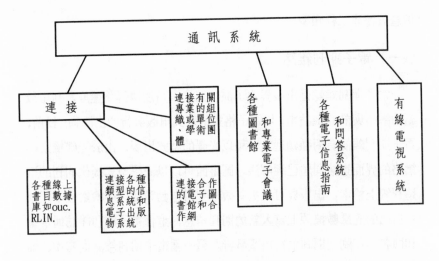

圖7-5 通訊功能

第三節 電子出版物和電子館藏

一、什麼是電子出版物？

　　電子出版物的種類包羅萬象，電子圖書、電子期刊、線上信息數據庫、存儲在各類型光碟上可供線上檢索的索引、文摘、工具書、全文和聲音圖像等信息資料，各類型計算機網絡上可供拷貝的數據文檔或軟件程序，電傳視訊，電傳正文，電子郵政等等都可以算是電子出版物。但是，從嚴格的定義出發，電子出版物應該是以電子格式提供給讀者使用的出版物。這種格式應該是機讀的公共通訊格式，為各類型的計算機、電腦工作站所接受，並可以通過螢光屏幕展現給讀者閱讀，或者經由打印機輸出。目前，與電子圖書館的發展和資訊科學有緊密聯繫的電子出版物主要有電子期刊、電子圖書、電子數字化線上

信息數據庫三種類型。

（一）電子期刊雜誌

　　電子期刊雜誌是出版界為了減少銷售渠道加快傳播速度，利用最新的網絡與計算機技術，以電子格式的型式出版發行的出版物。目前，電子期刊雜誌有兩種類型。一種以光碟的型式出版，由於光碟檢索與網絡的界面連接問題已經解決，圖書館可以以光碟型式提供期刊的近遠程線上檢索，出版界可以更有效地採用自動數據存儲檢索機不斷地在自己的光碟數據源上寫入新的期刊信息，這種電子期刊雜誌通常會和同名的印刷型期刊並行出版發行。另一種電子期刊雜誌從寫作、編輯到發行都完全在計算機及其網絡系統內進行，只要有網絡聯線終端，讀者通過網絡的統一信息資源地址（即URL）就可以立刻接通查閱它的期刊。這種電子期刊雜誌有兩個特點，第一是索引豐富，便於讀者查找，而且不少系統能擴大到引文查尋，顯示相關的文章；第二是應用超級正文技術的鏈接可以把不同專家編輯的各種權威性文章連接起來，如果需要，計算機會立刻自動將其劃分形成某一個學科的新的電子雜誌，比如，可以將某一學科的被引用次數較多的各類文章集合在一起提供給讀者。

（二）電子圖書

　　電子圖書和電子期刊一樣，也有光碟型和計算機網絡型兩種。目前的電子圖書計算機網絡型基本上還都是索引、文摘、指南、辭典、百科全書和其他一些大型工具書，電子工具書通過計算機的處理有非常靈活的檢索點，線上檢索可以大大加快檢索的速度。比如1995年出版的「線上大英百科全書」，只要圖書館購買了檢索版權，該圖書館的

讀者便可以十分方便地通過電腦查閱大英百科全書出版社的數據庫。該數據庫的大英百科全書不但提供靈活的檢索點，而且內容依據最新的資料不斷及時地進行補充更新，所以線上電子工具書查閱起來省力迅速，提供的數據資料既新又全。光碟型的電子圖書主要是採用電子數字化技術製作的電子圖書，絕大部份是圖書館的特藏和珍貴史料，或極具研究價值的資料等。普通圖書的電子型式還在試行階段，由於印刷型圖書的許多優點和人們的傳統習慣，普通圖書的電子型式很可能是不會受到歡迎或根本沒有發展必要。

（三）各種網絡信息數據和電子文檔

由於計算機技術和網絡技術的飛速發展，各種類型的信息數據和文檔資料每天都在以成倍的速度，經由國際電腦網路和環球網路進入超時空電子領域。這種以電子型式進入電腦網絡並儲存在網絡計算機節點上供人們訪問閱讀或拷貝存取的信息數據和電子文檔是電子出版物的另一種主要型式。這種電子出版物涉及面比較廣，因為所有通過國際電腦網路可以檢索存取的信息資源都屬於它的範圍，應該指出這裡所談的信息資源電子出版物是指有價值的、有學術性的，國際電腦網路上的許多電子垃圾雖然也算是電子出版物，但很顯然應該把它屏棄在外。網絡節點上的信息資源種類繁多，檢索存取的方法也各有異同，目前各種網絡信息數據和電子文檔的建立或獲取越來越普及的是通過網絡節點上「客戶器／服務器」之間的工作來完成的，詳情參見第六章國際電腦網路。

二、電子館藏的建立

將來的電子圖書館的重要標誌是所有館藏實現全方位電子數字

化,這表明不但在任何地方只要有電腦聯網就可以查閱電子圖書館內的全部資料,查尋者還能夠以電子型式獲得或再現所需要的資料。雖然要將全世界圖書館內的館藏全部實現電子化是不容易的,也不是很快可以做得到的,但是由於今天的計算機硬軟體技術、網絡通訊技術和光碟技術都已經達到了可以建立電子館藏的水準,許多先進的圖書館已經開始逐步建立起以本館特藏為主的電子館藏。可以預見在二十世紀的最後五年和即將到來的二十一世紀裡,建立以本館特藏為主的電子館藏,或者建立極具研究使用價值的各種電子館藏將會是圖書館的主要任務之一。

電子館藏的建立從技術上講可以分為兩類,第一類是完全以文字為基礎建立儲存並可以檢索的電子館藏,第二類是以圖像成像為基礎建立儲存並可以檢索的電子館藏。建立文字電子館藏的計算機技術早在七十年代就已經出現,當時只是用它來建立文字的計算機儲存與檢索。今天的計算機技術,無論是用來建立文字電子館藏,還是用來建立以圖像聲像為主的電子館藏,都已經顯得相當成熟。建立電子館藏所必須選用的各類型計算機硬件和其不同的操作系統,與之相配的最重要的關鍵性存儲檢索軟件,其功能、性能都表現得相當可靠合用。建立電子館藏需要考慮的是切實了解各種軟件的性能和不同的功能,篩選出與建立本館電子特藏相適應的最佳組配。

電子館藏的電子數據存儲源是需要考慮的另一個問題。用計算機本身的硬碟來儲存電子館藏當然是可以的,但是電子館藏的數據量一般都比較大,所以用中大型計算機本身的硬碟來作為電子館藏的存儲源,從經濟角度講並不是理想的選擇。最理想的選擇是利用光碟作為電子館藏的存儲源。光碟的存儲量大,與微電腦之間的軟件界面技術和數據轉換技術都已經解決,所以是最好的電子館藏數據存儲源。目

前，建立電子館藏比較先進的技術是採用「電子數據自動交換機」(英文稱之為Autochanger)。「電子數據自動交換機」其實是第二代的「自動控制數據存儲檢索機」(英文曾經稱之為Jukebox)。一臺電子數據自動交換機一般至少擁有一個或一個以上的光碟驅動器，一定數量的經過編排的光碟，一個微處理控制器，和一套自動機械檢索設計。電子數據自動交換機可以接收其他計算機的指令，自動調整選擇機內合用的光碟輸出；也可以安裝寫／讀型光碟，用一次寫入型光碟或可擦寫光碟來建立電子館藏。目前，可供選擇的電子數據自動交換機種類很多，機內光碟尺寸的選配都嚴格按國際標準，主要的區別是數據的總儲量有所不同。當然，不同電子數據自動交換機的價格一定是不同的，在建立電子館藏的時候，經濟因素勿庸置疑是肯定需要考慮的。

三、電子出版物電子館藏與電子圖書館

電子出版物電子館藏的出現給傳統的圖書館帶來了全新的課題，也為圖書館能夠在短短的二三十年之間從圖書館計算機自動化朝超時空信息電子化方向演進提供了重要的物質基礎。將來的電子圖書館內各種類型的電子出版物電子館藏將會為讀者提供更有效更廣泛的服務。一些傳統圖書館無法解決的難題，在電子圖書館內都能得到很好的解決。信息數據的索取和各類文獻的電子傳遞，在計算機控制之下會變得十分方便。這主要在於電子出版物電子館藏的出現使知識傳播的方式完全改變了，出版物從定稿到出現在讀者面前省去了許多以前所必須經過渠道，讀者通過電腦網絡可以直接迅速地查閱到最新出版的或者是全部的回溯性資料。一些電子出版物甚至可以是著者一邊在自己的電腦上寫，讀者一邊就可以在讀者的電腦上閱讀了。目前，許多傳統圖書館由於電子出版物和各種電子信息的介入，已經是印刷型

媒介和電子信息媒介共同在為讀者服務。特別是在高等院校和研究型
的圖書館內，專家、學者、教授、學生們的學習、研究、寫作都在逐
步改變適應電子出版物電子信息這一新的傳播媒介。圖書館的館員和
工作人員也因為館內電子出版物的出現和整個電子信息時代的來臨，
正在重新認識思考應該如何在電子信息時代更有效地發揮自己的作
用？那些領域才是自己應該去開拓和發揮作用的地方？

第四節　將來的圖書館

　　美國三大電視媒體之一的國家廣播公司在 1995 年底作出的一項
調查報告中指出，有百分之九十二的受訪者不認為傳統的圖書館會在
將來被超時空的隱型電子圖書館所取代，傳統的印刷型出版物也不會
百分之百地被電子出版物所取代。但是，從目前的科學技術發展趨勢
來看，將來的電子圖書館還是會以超越時空的形式，快捷無比的輸送
速度，內容齊全的信息媒介為人們提供全方位的資訊服務。至少圖書
館會有以下幾點變遷——首先傳統的圖書館將會進化成為信息諮詢中
心，圖書館在人類文明社會的角色會從傳統的藏書地點轉換為信息諮
詢的提供源泉，圖書館員也會因此而成為電子信息時代的信息諮詢專
家；新的科學技術將會使圖書館自動化、電子化的程度不斷提高，從
而最終推倒圖書館的圍牆，實現資源的全方位電子化檢索，各類型信
息資源的網絡化存取，把館內的資源信息以電子型式推向全世界。將
來的圖書館館藏不能光用館藏的數量、大小、深度、廣度來衡量，因
為作為信息諮詢的提供者，再用以前藏書庫的標準來衡量一座圖書館
的優劣是不科學的。當然，作為研究型或者高等院校的圖書館，保證
教學研究用的館藏基本建設還是必須的，但是其館內的電子化程度、

用戶界面的友好度、館藏的電子數字化程度都將成為衡量圖書館優劣
的標準。從當前的電子信息革命、各類文獻的不斷電子化，計算機技
術的不斷更新，可以看出未來圖書館的管理和圖書館技術的發展趨勢
將會反映在以下幾個方面。

一、圖書館的管理

　　未來圖書館的管理，一個很重要的因素是圖書館的決策層必須具
有豐富的想像力和創新力，並能夠帶領全體館員不斷地創新尋求突破，
提高服務水平。決策層的思考面不能再局限停留在一個點或者一個面
上，決策人員必須開拓擴展思考空間，將本館的任務、目標、發展與
其他同類性質的機構聯繫起來，同區域、國家、國際範圍合作層面聯
繫起來考慮。在制定政策策略的時候必須與外部世界的信息諮詢服務
政策聯繫起來一起考慮。圖書館內部人員的配備將不會再委派永久性
的某一類職位，短期的以建立某個一次性項目而委派的職位將成為人
員配置結構的主流，尤其側重在信息諮詢服務效能和檢索點系統設計
能力兩個方面。

　　在公共圖書館內，基本上看不到有圖書館員在工作，公共圖書館
的館員可以在家裡通過網絡向讀者提供展示信息諮詢，處理解答讀者
的尋問和要求。公共圖書館的館員甚至應該出現在政府機構、公眾服
務場所、購物中心等地方，因為在那裡他們才能夠獲得什麼是人們正
在尋找的所最需要的信息，幫助廣大的信息需求追尋者解決問題。這
樣的供求關係是將來圖書館館員必須注意的，圖書館館員應該將自己
視為社會的「公用信息諮詢站」，並主動地向社會的各個層面提供各種
信息諮詢。

　　高等院校、研究型機構的圖書館今後還是必須配置一定數量的圖

書館館員。因為，為了了解掌握學生和教師們的需求，幫助他們了解運用不斷更新的電子信息諮詢手段，協助提高教學科研質量，一定數量的高質量信息諮詢館員是必不可少的。

從具體的圖書館工作性質來說，館內負責館藏建設的館員將會發現他們已無存在的必要，最多一名負責篩選訂購的人員加上一個總體管理人員就足夠了，因為所有的工作諸如：訂購、查重、補缺、付費、結帳、催討等都會有計算機人工智能來完成。

流通館員的工作性質將會由於圖書館的所有資料都已經電子化或電子數字化而有所改變，因為讀者借閱電子數據資料，通過計算機打印出來等於是已經擁有了該資料，所以流通館員的職責將會是監督用戶有否違反版權所有法和使用許可權。

對圖書館編目人員來說，電子圖書館的出現為他們帶來了光明的前景，尤其是對主題分類編目館員而言，因為只要他們從老的編目方法框框裡走出來，設計出一種全新的分類結構組織方法來描繪電子圖書館內的所有內容，將那些電子館藏、電子出版物、電子數據格式與之有機地聯繫起來，這種有深有淺的聯繫將會為廣大的用戶，從無知的兒童到學問深厚的教授，按他們的不同背景水準為主題，提供所有的資料。當然，在今後相當長的一段時間裡面，印刷型的出版物仍將占相當的比例，特別是高等教育和研究領域，它們將與電子出版物電子館藏在圖書館內並存。可是，隨著電子出版物的增加、出版業電子化程度的不斷增高和編目專家系統的不斷完善，編目人員的工作性質和方向都會有一定程度的轉向，他們將會更多地面向數據庫的管理和設計，包括從事檢索點和檢索方法的編排、制定數據交換的標準和規則等。

對參考諮詢館員來說，電子圖書館的出現預示著將來他們會變得

更加主動地參與深入到廣大的讀者之中。信息諮詢技術的發展將使信息追尋者們不用再去什麼圖書館之類的地方尋找資料，這就十分需要參考諮詢館員積極地滲入到信息追尋群體中去，去發現他們的需求並提供幫助，在整個信息諮詢的供求過程中去搜尋盲點，尋找出提高諮詢效率的正確方法和技術手段，及時協助滿足信息追尋者的需求。

二、圖書館的技術趨勢和特徵

對將來的科學技術發展來作一些肯定的預測是不夠明智的，也是不太可能的。但是，根據目前的圖書館發展和在圖書館已經出現的各種技術以及它們的應用情況，至少可以看出在二十世紀的最後五年和即將到來的二十一世紀裡，由於資訊高速公路電子信息超越空間限制的特色和電子圖書館的出現，圖書館以及其應用技術的發展趨勢將會主要反映在圖書館的信息諮詢互聯能力上，包括各類資源的聯網能力。新技術的應用將包括不斷更新的高效率高能量計算機、電腦和工作站。其他的技術更新包括電傳真和電子傳遞、人工智能、電子圖像映像、光碟電子數字化儲存、超級正文、電子輸出輸入等等。

未來的電子圖書館將向讀者提供一週七天、一天二十四小時的全天候服務和全方位服務，讀者在任何地方、任何時候，只要有聯線終端，便可以使用世界上的圖書館。所有信息數據庫的資料將不會再受使用人數的限制，大家可以同時享用同一信息。通過電子圖書館，學者或各類研究人員可以非常靈活地將自己所有的工作經驗或各種研究記錄、或整套研究過程、心得積累，隨時隨地隨心所欲地顯示在自己的電腦螢光屏前，或者通過電子空間提供給其他同行作為參考諮詢。電子圖書館內的電子館藏一般不會再像印刷型資料一樣遭失掉，至少不用再操心蟲蛀、撕壞和偷竊等問題；電子館藏可以說幾乎沒有體積，

它不但可以輸出成為其他圖書館的館藏,也可以輸入成為本館的館藏,它能為圖書館節約大量的開支。電子圖書館內的電子文獻拷貝、修改、儲存都非常容易,它們增加了圖書館的諮詢範圍,卻使圖書館變得更加精簡。

雖然一些科學家們認為二十一世紀很可能成為電子信息和信息諮詢的時代,但是,越來越多的信息和各種各樣的出版物,無論是印刷型還是電子型,並不意味著它們都是有用的和有價值的。將來的超電子空間範圍內,任何人都可以通過網絡向裡傾倒自己的東西,如何來管理超電子空間?如何有效地從超電子空間裡面尋找出有價值的信息?這些問題都是信息諮詢專家和電子圖書館館員們必須研究和需要解決的。在邁向完全超越空間電子化時代的過程中,各類信息數據的標準化問題、格式的統一問題也有待不斷的改進和完善。此外,電子出版物的大量出現對出版界和人們來說到底是件好事還是有負面影響,還未有最後定局。

對圖書館專業人員和信息諮詢專家來說,圖書館的發展和信息諮詢的發展目前正處在一個非常振奮人心,但又十分關鍵的時刻。電子圖書館和與它有著密切聯繫的各種信息資訊新技術的出現和飛速發展,使圖書館的所有館員面臨著相當大的挑戰,它要求館員們不但要熟悉精通運用這些新的技術,同時還必須要不斷地學習認識發展新的技術。具體地說,下一階段的努力將包括設計建立不同形式的數據庫、改變信息傳播流通媒介、完成特種文獻的電子數字化、建立不同類型的網絡聯線、選擇建立特種電子館藏、擴大資源涵蓋範圍、提高各種信息諮詢水準。

主要參考文獻

1. Linda Langschied, *The Changing Shape of the Electronic Journal*, Serials Review, Fall, 1991.

2. Diane R. Callahan, "The Librarian as Change Agent in the Diffusion of Technological Innovation," *The Electronic Library*, Vol. 9, No. 1, Feb., 1991.

3. Shirley V. King, "ELNET–The Electronic Library Database System," *The Electronic Library*, Vol. 9, No. 2, April, 1991.

4. Kenneth E. Dowlin, *The Electronic Library*, Neal-Schuman Publishers, Inc., 1984.

5. Royal Purcell, "Maintaining a Data Library," *Library Software Review*, Jan./Feb., 1990.

6. Louis Drummond, "Going Beyond Online," *ONLINE*, Sep., 1990.

7. Kate Herzog, "Collection Development for the Electronic Library," *Computer in Libraries*, Vol. 10, No. 9, Nov., 1990.

8. Harnad, Stevan, "Post-Gutenberg Galaxy: The Fourth Revolution in the Means of Production of Knowledge," *The Public -Access Computer System Review 2*, No. 1, 1991.

9. Michael R. Gabriel, *A Guide to the Literature of Electronic Publishing: CD-ROM, Desktop Publishing, and Electronic Mail, Books, and Journals*, JAI Press Inc., 1989.

10. Edwin Brownring and Brett Butler, "An Electronic Library Communications Format: A Definition and Development for MARC III," *Library Hi Tech*, No.3, 1990,.

11. Keeran, Peggy, "The Impact of UNCOVER on the Use of Current Periodicals at the University of Denver's Penrose Library," *Serials Librarian*, Vol. 20, No. 1, 1991.

12. John Martyn, "Think about the Electronic Library," *Library Association Record*, Vol. 93, No. 5, May, 1991.

13. Harvey Wheeler, *The Virtural Library: the Electronic Library Developing within the Traditional Library*, University of Southern California, 1987.

14. Kaser, D., *Libraries and the Future: Essays on the Library in the Twenty-First Century*, edited by F. W. Lancaster, Collection Management, Vol. 19, No. 1/2, p. 150, 1994.

15. Graham, Peter S., "Requirements for the Digital Research Library," *College & Research Libraries*, Vol. 56, pp. 331~339, July, 1995.

16. Renaud, Robert, "Building the Digital Library" (2nd International Conference on the Theory and Practice of Digital Libraries, Austin, Texas, July, 1995), *College & Research Libraries News*, No. 8, pp. 547~8, Sept., 1995.

英漢詞語對照表

- AEC：（縮）Archiecture, Engineering and Construction
  計算機和超級媒介領域中，一種計算機內部通訊標誌圖形的縮寫。
  它是工程學科應用超級媒介系統的界面。

- ANSI：（縮）美國國家標準協會 American National Standards Institute
  為美國制訂國家技術標準的組織，是國際標準化組織的成員。

- ARPANET：（縮）通訊網絡 Defence Advanced Research Project Agency Network
  美國的一個計算機網絡。六十年代由美國國防部建立的，是當前的國家網絡Internet的前身。

- ASCII：（縮）美國標準信息交換編碼The American Standard Code for Information Interchange
  利用一組二進制的位或字節（用八位代表一個字節）表示字母或符號。這種編碼格式廣泛應用於各種類型的計算機、CD-ROM光碟的數據表達。

- Augment：「擴展」
  超級正文系統的一種軟件。由美國斯坦福研究所著名的超級正文系統專家英格爾巴特研製成功的，最初名稱為 NLS（On Line

System)線上系統，後來命名為「擴展」(Augment)。

- Authoring：「特許」

  超級卡系統第四層次（較高）的用戶。他可以修改堆棧的數據及
  按鈕、字段和圖形的說明等，可訪問「瀏覽」、「打字」和「描繪」
  功能。

- Baseband：基帶

  在音頻範圍內的頻帶。如人聲音信號的頻率在300~3000赫，在線
  路上傳輸該頻率範圍的信號。它是相對寬帶而言的。

- bbs或BBS(bulletin board system)：一種以網絡為基礎的信息通報
  系統。

- Bitmapped：位映像

  一種用於計算機存貯圖像的基本單位。即每一個像元(pixel)在主
  存儲器中有唯一性位置，可以讓CPU直接存取（參見「像元」），
  它比一般的文字存貯方式需要更大的空間。例如，用位映像方式
  存貯書上一個文字或符號，要求1200比特或更多（大約150個字
  節），而一般的數據存貯技術僅需要8個比特或一個字節。

- Bitnet：「比特網」

  1981年建於美國的一個計算機網絡，主要用於研究和教育部門。
  1989年與計算機和科學網絡合併，成立研究教育網絡公司，至
  1990年底，全世界已有1200個單位與它聯網。

- Bridge：橋連接器

  用來連接兩個區域網絡的設備。它是對兩個數據鏈結層的實體連接。

- Broadband：寬頻帶或稱寬帶

  某些比音頻頻帶更寬的頻帶，包括大部分電磁波的頻譜，可用於高速數據傳輸。

- Browser：網絡瀏覽器，或稱網絡導覽器

  由一組電腦網絡軟件組成，較著名的有Mosaic，Netscape等。

- Browsing：「瀏灠」

  超級卡系統中最初級用戶（如圖書館的讀者）的使用功能。僅能瀏覽數據庫中的資料，使用鼠標的按鈕，配合進行檢索。

- BRS：（縮）書目檢索服務系統Bibliographic Retrieval Service

  美國的一個信息檢索系統，建於1976年，其特色偏於文理和社會科學，在數據庫中存有二百多種資料檔案。

- B–Tree file：B樹文件

  一種平衡多分樹的數據結構文件，提供較快的訪問速度。

- Bus：總線或稱匯流排

  區域網絡的一種拓樸結構。它是多個節點的公共連線，任何節點可以通過總線將信號送到其他的任意一個節點。

· Butten：按鈕

超級卡系統中的術語，一種初級指令，告訴用戶如何動作，例如要鏈結並顯示本堆棧的一張卡或另一個堆棧的一張卡。

· Card：卡又稱節點

超級卡系統的基本單位。它由幾個層面組成，每個層面像透明薄膜的「卡通片」一樣，這些層可包含按鈕、字段和圖形等信息，用戶在屏幕上是看到所有層面的文字、圖像等的疊加，這就是一張卡，顯示一條完整的記錄，類似於書目卡片，包含了書目的完整記錄。

· CARL：（縮）科羅拉多研究圖書館學會 Colorado Association (Alliance) of Research Libraries

它已成為一個圖書館自動化管理系統的縮稱。該系統的功能：出納、線上公共目錄、採購、編目、館際互借，查詢外部圖書館的線上目錄和信息數據庫，電子郵政和電子雜誌的全文檢索及傳遞系統。

· CAS：（縮）化學摘要服務社檢索系統的縮稱 Chemical Abstract Service

1964年美國化學摘要服務社建立了文獻資料處理系統，現在數據庫中已有近億篇文章，1500多萬種物質。

· CAV：（縮）定常角速度 Contant Angular Velocity

物體圍繞著中心軸以均角速度的旋轉，圓盤外邊緣的線速度比近

中心位置的線速度大，如磁盤。

· CCITT：（縮）國際電報電話諮詢委員會Consultative Committee, International Telegraph and Telephone

它是法文首字母縮略詞。其中一個任務是制訂傳真機、圖像傳輸方法的標準。

· CCP：（縮）計算機圖書分類程序 Computerized Classification Program（CCP）for Books

在電子圖書館中，將同類電子圖書建立一個數據順序文件，為了便於檢索，也作各種索引文件，為實現這一目標所研製的軟件。這種文件類似於將圖書順序地放在書架上。

· CD：（縮）光碟Compact Disc

一種4.75英寸塑料－金屬盤，用於存貯75分鐘數字格式的聲音記錄或其他數字化的信息。

· CD–I：（縮）交互光碟Compact Disc-Interactive

由菲力浦－索尼公司首先提出的一種基於計算機及驅動器的光碟，在光碟上，存貯文字、聲音、圖像和軟件等混合信息，用戶可以使用驅動器進行交互地存取操作。

· CD–ROM：（縮）唯讀光碟Compact Disc-Read Only Memory

參見CD，一種已存放文字、軟件、圖形或聲音的光碟，只供讀出，不具備將數據再寫入的能力。

· CD-ROM XA：（縮）擴展的唯讀光碟 CD-ROM Extended Architecture

八十年代末，由Microsoft和Sony公司首先開發的CD-ROM擴展產品。在光碟上，有調頻調幅高品質的聲音和音樂以及小的電視圖片窗口。

· Chunk：「塊」

超級正文系統中的術語，參見「節點」。

· CLV：（縮）定常線速度Contant Linear Velocity

在旋轉運動的平面內，盤表面上各點與讀／寫頭之間的相對速度均相等，如光碟。

· CMU：（縮）卡內基—梅農大學Carnegie Mellon University

美國著名的一所理工科綜合性大學，位於賓州匹茲堡，承擔美國科學基金會下達的研究「水星」電子圖書館的任務。

· Coaxial Cable：同軸電纜

傳輸信息的媒介是一種金屬導體，周圍包著絕緣體，導體和絕緣體再被編織的金屬或其他型式的金屬包起來，並在其上包熱塑料或螢光聚合物的塗層，所有的外層金屬共同合用中心軸的導體形成迴路故稱同軸電纜。

· COM：（縮）計算機輸出縮影膠片Computer Output Microfilm

將在計算機中存貯的信息轉換到縮影膠片上的產品。

- COMIT：（縮）一種早期的人工智能語言。

- Communication Protocol：通訊協議
　　為了保證信息能在網絡上通行，一臺計算機與另一臺計算機或其他設備之間通訊中的一組規則。

- Communication Server：通訊服務器
　　一種計算機網絡的節點。它的用途是將兩個區域網絡連接在一起，把信息從一個網絡傳輸到另一個網絡。

- Composite：組合
　　超級正文系統中的一種設計模式，包括路徑、訪問路線、存取方式和網絡等的設計考慮。

- CSMA/CD：（縮）線路監聽多次存取／碰撞檢測 Carriea Sense Multiple Access/Collision Detection
　　一種區域網絡的通訊協議，屬或然性協議，即當網絡的線路上沒有其他工作站傳送信息時，該站可以在任何時間傳送數據。

- Data Library：數據圖書館
　　參見「電子圖書館」。

- DCS：（縮）文獻轉換系統 Document Conversion System
　　將印刷型或縮影型文獻轉換為電子圖像文件的系統。

· DCW：（縮）文獻輸入（捕獲）工作站 Document Capture
Workstation

　將文獻以圖像格式輸入工作站的一套系統，由掃描儀、圖像壓縮
系統、高分辨率顯示器和磁盤等設備組成。

· DEC：（縮）數據設備公司Digital Equipment Corporation
　美國一家著名的計算機公司，其設備廣泛地應用於圖書館。

· Deterministric Protocol：確定性協議
　一種區域網絡的通訊協議。通過媒介傳輸信息是由稱為"Token"
的信號來控制的，"Token"被協商好後，數據則在線路上傳輸。

· DIALOG：
　當前世界上最大的聯機信息檢索系統，1965年由美國洛克希德公
司建立，現有數百個資料檔案，擁有二次文獻幾億篇，用戶遍佈
世界各地。

· Dictionary Index：詞典式索引
　在索引文件中，將詞按字母順序排列的索引結構。

· Direct Access File：直接存取文件
　可以直接對其中的任意一塊或任意一個記錄進行存取的文件。

· Distributed Network：分佈式網絡
　美國Burroughs公司於1976年提出的一種計算機網絡體系，使用

一種高級的網絡定義語言，用它產生的通訊軟件是獨立於主機的，而且可以將它保存在主機、前端或遠程處理機中。

・Domain：域

在超級卡中，層面的集合。它是用來描述「卡」上的信息，分為前臺域和後臺域。

・DRAW：（縮）一次寫入光碟Direct Read After Write

一次寫入光碟WORM的早期名稱，見WORM。

・EBCDIC：（縮）擴展的二進制信息交換編碼 Extended Binary Coded Decimal Interchange Code

一種典型的計算機可處理的數據編碼格式，使用八位碼來表達256個字母、符號和數字。由美國IBM計算機公司提出，現已廣泛應用於小型計算機以上檔次的其他公司生產的計算機。

・E-Journal：（縮）電子雜誌Electronic Journal

按電子格式進行編輯和發行的雜誌。可通過計算機網絡向讀者提供雜誌的目錄查找和文章全文的傳遞服務。

・Electroniclibrary：電子圖書館

提供讀者一個網絡環境，使他們能連接到地區、國家和國際網絡，查找所需要的信息。又稱數據圖書館或虛擬圖書館。

• ELNET：（縮）Electronic Library Network

一個日文的電子報刊全文數據庫檢索和傳遞系統。1988年建於日本，有六個資料檔，通過網絡為北美、歐洲和東南亞服務。

• Erasable Optical Disc：可擦寫光碟

見同義詞rewritable optical disc。

• ERIC：（縮）教育資源信息中心 Education Research Information Center

美國教育局資助的一個負責全國重要教育研究資料的採編、存貯、檢索與推廣的機構。通常把它作為教育研究信息檢索系統的名稱。

• Ethernet：以太網

由施樂(Xerox)研究中心在七十年代中期開發的一種區域網絡。它是使用CSMA/CD協議的基帶網絡系統。一般限制在若干公里之內，在網絡上的計算機等設備通常使用同軸電纜相連接。

• FDDI：（縮）光纖分佈式數據界面Fiber Distributed Data Interface

一種以光導纖維為媒介的高速區域網絡的數據傳輸協議。它是一種美國國家標準。

• Field：字段

在超級卡的前臺層和後臺層的層面中，所有相同式樣和大小的字符所占據的層面。

· Field tool：字段工具

在超級卡中，為了產生和修改字段的工具。

· File server：文件服務器

一種區域網絡的節點，提供各個用戶訪問外圍設備，例如共享大容量的磁盤或光碟驅動器等。

· Foreground：前臺（層）

在超級卡中，前臺層是由若干類似於透明薄膜的層面疊加在一起的區域。該名稱是相對於後臺層而言的。

· FTP：File Transfer Protocol，文檔傳輸協議，並可用其作為指令將其他地方計算機的文檔調動過來。

· Gateway：(1)網間連接器；(2)連接

(1) 一種硬件和軟件的綜合器件，它可將區域網絡與廣區網絡連接，讓區域網絡上的用戶通過它，擴展訪問遠程的資源，如線上目錄或信息數據庫或某大容量高速計算機。
(2)在超級媒介中，被定義為在超級基礎中資料之間的鏈結。

· GB：（縮）千兆字節GigaByte

10字節。

· Graphic：圖形

在超級卡中一種使用位映像技術且由計算機生成的圖像，一般由

超級卡的描繪工具來生成圖像的格式。

· Green Book： 綠皮書

交互式光碟(CD-I)的標準，規定了 CD-I 光碟的物理結構和數據
存貯格式。

· GUI： （縮）圖像用戶界面 Graphical User Interface 又稱為 WIMPs
界面(Window, Icons, Mice, and Pointers)。

一種用戶檢索信息系統的界面。一般由窗口、鼠標、肖像和指示
字組成，利用圖像引導用戶進入要檢索的途徑，以此代替鍵盤輸
入命令等。

· GUIDE：「鴛導」

一種超級正文系統的軟件，為單用戶系統，適用於層次的存取方
式，如「修理手冊」等，從章、節的層次逐層地進入全文。

· Hashed file： 散列文件

利用散列算法來存貯鍵值及其相應記錄的文件。在 CD-ROM 光碟
中，所有的記錄伴隨著它的鍵值存貯在文件中。

· Home Stack： 源堆棧

用於建立超級卡的環境，用戶通過它進入堆棧，它也用作為一種
進入堆棧的索引。

· Home Page：環球網(World Wide Web)的網絡本位頁，或者稱全
球資訊網的網址。

· HTML：英文全文HyperText Markup Language，超級正文開發語
言，該語言是環球網WWW上建立數據文檔和網址的一種標準語
言。

· HTTP：英文全文 HyperText Transmission Protocol，超級正文傳
送通訊協議，該協議是環球網WWW所使用的標準網絡協議。

· Hyperbase：超級基礎
在超級媒介系統中，數據資料的集合。

· HyperCard：超級卡
由蘋果計算機公司開發的一種軟件,運行在 Macintosh 計算機上,
用來執行超級正文和超級媒介的一種應用系統。

· Hypermedia：超級媒介
參見超級正文，它是超級正文概念的延伸，即外延信息不僅是文
字資料和圖形，而且包括電影、錄音和錄像等資料。

· Hypershell：超級外殼
在超級媒介中，攜帶資料的系統。

・Hypersystem：超級系統

在超級媒介中，已將超級基礎載入超級外殼的系統。

・Hyper Talk：「超級會話」

用於超級卡的唯一計算機程序語言。

・Hypertext：超級正文

使用計算機技術，非連續並迅速地從其他參考文獻中取得外延信息的系統。

・HyperTies：「超級太斯」

一種超級正文的軟件，屬於平板結構，適用於「百科全書」關鍵詞的查找方式。

・Icon：肖像

用於Macintosh計算機上，表達具體事物的圖形符號。每個肖像有它自己的標識號。肖像通常與光標和按鈕等一起使用。

・IEEE：（縮）電器和電子工程師學會（美國）Institute of Electrical and Electronic Engineers

一個專業學會包括研究區域網絡標準化和許多其他活動。其中IEEE 802 委員會制訂區域網絡標準化的各種規定，如通訊協議等。

· IFLA：（縮）國際圖書館協會聯合會 International Federation of Library Associations

　　1929年6月成立於英國的愛丁堡，現總部設於荷蘭，旨在促進和加強圖書館管理工作與資料編目工作的國際合作。

· ILS：（縮）圖書館集成系統 Integrated Library System

　　見IOLS。

· Image：映像或影像

　　將在其他媒介中的圖像很精確地、邏輯地存貯在計算機中，形成可存取的電子圖像。

· Intermedia：「媒介」

　　一種超級正文軟件包的名稱。由美國布朗大學在八十年代中期研製的多用戶超級正文系統。

· Internet：國際電腦網路，或稱國際計算機互聯網絡

　　由全球遵循TCP/IP協議的網絡組成，是一個邏輯網絡，已連接全世界幾千萬個用戶。

· IOLS：（縮）線上圖書館管理集成系統 Integrated Online Library System

　　使用一個公共機讀數據庫，具有兩個或兩個以上圖書館內部作業（如採購、出納、編目等）的功能且在線上運行的系統。

・ISAM：（縮）索引順序存取法 Indexed Sequential Access Method

此法分為基本的和排隊的兩種。基本的索引順序存取法 (Basic ISAM)：使用索引來確定數據集在直接存取裝置的位置的一種存取法；排隊索引順序存取法 (Queued ISAM)：它是前者的擴充，即將等待處理的輸入數據塊排成隊列。

・ISO：（縮）國際標準化組織 International Standardization Organization

負責制訂各種國際性標準，包括廣區網絡的數據通訊標準，他們制訂了開放式網絡連接的參考模式 (Open System Interconnection Reference Model) 等。

・Jukebox：自動控制存取裝置

一種將盒式光碟（包括一次寫入和／或可擦寫光碟）放入和取出驅動器及貯存位置，並對光碟上數據進行讀／寫操作的裝置。

・LAN：（縮）區域網絡 Local Area Network

一種特殊的數據通訊網絡。即一臺計算機與另一臺計算機或其他機讀信息處理設備之間的通訊，被限制在某一個區域內（一般在若干公里內）。

・Laser Videodisc：激光錄影碟

利用激光將圖像和聲音信號刻錄在光碟上，並通過放像機和電視接收機等專用設備播放的一種盤片。它與錄像帶比較，音質好、圖像清晰度高。

· Layer：層

在超級卡中，組成「卡」的最基本單位，用來說明超級卡中事物
的關係。它是一個二維層面，每個層面類似於透明薄膜並放有部
分信息，它們疊加起來成為完整記錄即「卡」，用戶看到的是所
有層面信息疊加的混合圖像。所有的層進入兩個域：前臺層和後
臺層。

· Link：鏈結

在超級正文、超級媒介、超級卡中的術語，用來描述兩張「卡」
或兩個信息片的連接路徑。當執行鏈結命令時，允許用戶從當前
的信息片跳到所需要檢索的相關信息片。

· LLC：（縮）邏輯鏈結控制Logical Link Control

開放式網絡連接參考模式中的第二層——數據鏈結層的軟件連接
部分，即由軟件來實現鏈結的部分。

· MAC：（縮）媒介存取控制Media Access Control

開放式網絡連接參考模式中的第二層——數據鏈結層的硬件部
分，這個硬件或者是網絡界面，或者是節點的適配器。

· Macintosh：

美國蘋果計算機公司生產的一種個人計算機，非常適用於運行超
級卡系統。

· MARC Format：（縮）馬爾克款式 Machine Readable Catalogue Format

又稱機讀目錄格式。它是美國國會圖書館根據國際標準化委員會起草的磁帶格式，所設計的一套自動化的編目方法和產品的專用名稱。由「結構」(Structure) 與「項目指示符」兩個部分組成。「結構」是款式的框架，規定必需的著錄事項，並確定該事項的排列位置；「項目指示符」是用於識別記錄的著錄事項的性質。

· MB：（縮）兆字節 Megabyte

10字節。

· Media Access Protocol：媒介訪問協議

見通訊協議，是等同於通訊協議的另一術語。

· MEDLARS：（縮）醫學文獻分析與檢索系統 Medical Literature Analysis and Retrieval System

美國國家醫學圖書館在醫學領域內進行文獻加工、報導、存貯與檢索的系統。

· MEDLINE：（縮）醫學文獻聯機檢索系統 MEDLARS On-Line

美國國家醫學圖書館於 1971 年將 MEDLARS 數據資料庫的全部文獻資料通過計算機及其網絡，與國內外一些生物醫學中心的終端連接，向用戶提供線上檢索服務。

· Memex：

　　一種「電子桌」的模型。1945年美國超級正文系統的先驅——布
　　什提出了此概念，他力圖將大量縮微形式的信息，根據使用需要，
　　有機連接起來。他的設想，由於當時的客觀技術條件的限制，沒
　　有成為現實。

· Menu：選項單

　　列出系統相應各項功能的一覽表，一般將系統的全部主要功能顯
　　示在一個主屏幕上。

· Menubar：選項單的骨架

　　在Mac計算機的環境下，引導當前要使用的選項單上的一級功能。

· Message Box：信息箱

　　一種超級卡信息的通訊窗口，讓用戶進入系統的特定部分。

· Microcopying Technology：縮影技術

　　使用光學的方法，將原始文獻攝在一定規格的微小膠片上，製成
　　各種規格的縮影照片，並通過一定的顯影閱讀機進行閱讀及其使
　　用方法的總稱。

· Microfiche：縮影平片

　　也稱縮微膠片。其規格為4×6英寸和3×5英寸；每片的平面上縱
　　橫排列著若干畫面格的縮微影像，一般為橫排14格，縱排7格，
　　共包括98格。當某一文獻篇幅太長，一張膠片容納不下，則以下

連續幾張稱為「篇身片」(trailer)，第一張膠片則稱為「篇首片」。
一般都為黑底白字的負片，可以複印。

· Microfilm: 縮影捲片

也稱縮微影片。一種縮攝在纖維膠卷上的文獻，以直線排列的卷
型為標準，長度不限，但寬度有16mm及35mm兩種（標準型),也
有70mm寬的（罕用）。

· Microform: 縮影型式

縮影複製品的總稱，包括縮影捲片、平片、膠片和印刷品等各種
複製品。

· MIPS: （縮）百萬條指令／秒 Million of Instructions Per Second

一種計算機的中央處理機執行指令運算速度的指標。

· M-O: （縮）磁—光型光碟Magneto-Optical Disc

一種可擦寫光碟的類型。它是利用激光照射磁的區域，使該區域
吸熱來改變媒介的物理結構而進行工作的。M-O型是可擦寫光碟
中應用得最廣泛的型式。

· Mosaic: 網絡瀏覽器，或稱網絡導覽器

是美國國家超級計算機應用中心（NCSA）在1992年發展出的一
種檢索聲像圖像多媒體資料的計算機網絡軟件。

· Multiple-key Access：多鍵存取

　　在數據庫中，一種鍵值可以對應多個記錄的存取方法，如倒排文件。

· NASA Report：（縮）美國航空暨太空總署報告 U.S.National Aeronautics & Space Administration Report

　　美國四大報告之一。其前身為國家航空諮詢委員會報告，創建於1915年，1958年改名為NASA報告。資料主要來自於NASA的各研究中心和試驗室及其承包合同企業和大學資助單位，報告內容側重於航空和空間科技領域，同時廣泛涉及許多基礎學科和技術學科。

· NCSA：美國國家超級計算機應用中心，英文全文National Center for Supercomputer Applications。

· Nearline：「近於線上」

　　一種界於「線上」與「離線」之間的計算機存貯技術。

· Nepture：「海王星」

　　一個軟件產品。八十年代中期出現的第二代超級正文系統。

· Network：網絡

　　一組計算機或相關設備連接在一起並進行相互通訊的系統。

・NIC：（縮）美國國家信息中心National Information Center

　　負責管理Internet網絡，包括網絡的成員登記、檔案保管和使用，

　　維護成員單位的數據庫如參加單位的主機情況、地區號和網絡號

　　等。

・NISO： （縮）美國信息標準化組織National Information Standard
Organization

　　美國的一個審核標準的組織。直接制訂了圖書館、出版和信息科

　　學中的一些標準Z39.＊＊。

・NLM：（縮）國家醫學圖書館National Library of Medicine

　　又稱美國醫學信息中心，它建於1836年，隸屬於聯邦衛生和人類

　　服務部，收藏醫學、生物學以及相關的化學、物理、動物學、植

　　物學、心理學、儀表學等多種文獻達二百多萬件。

・NLS：（縮）線上系統On Line System

　　見“Augment”。

・Node： 節點

　　(1)一種連接在區域網絡上的設備，它作為提供給用戶各種服務或

　　作為連接功能的通訊通道。

　　(2)超級正文系統中的最基本單位。它可以是文獻或信息記錄的字

　　段，如字、詞、詞組、腳註、句子，或某一段落，也可以是信息

　　系統中的一些通訊標誌。

・NOS：（縮）網絡操作系統Network Operating System

一組用來管理區域網絡資源和通訊活動的控制程序。

・NoteCard：「記事卡」

八十年代中期出現的一種典型的超級正文系統，它是施樂公司研究中心開發的。第一代產品為單用戶，第二代產品為多用戶。

・NOTIS：（縮）Northwest Online Total Integrated System

由美國西北大學研製的圖書館聯機管理集成系統，於七十年代末推向市場。

・NREN：（縮）國家研究教育網 National Research and Education Network

1991年11月，美國國會批准了「高性能計算機和網絡計劃」，進一步發展Internet國家網絡，為研究和教育服務，發展國家研究教育網，其主幹線為NSFNET，參見NSFNET。

・NSFNET：（縮）國家科學基金會網絡National Science Foundation Network

由美國國家科學基金會於 1985 年建立的一個國家高速通訊主幹網，供各學科的科學家和工程師對其建立的計算中心的資源進行訪問，現是Internet的一部分，計劃最終目標是將數據傳輸速率提高到100MB/秒。

· OCLC：(縮) 國際電腦圖書館中心Online Computer Library Center
  世界上最大的圖書館線上網絡系統。1967年原名俄亥俄大學圖書
  館中心(Ohio College Library Center)，1981年改為現名，總部設
  在俄亥俄州的都柏林，利用國際通訊網絡向全世界提供計算機化
  的圖書信息服務，以實現資源共享。

· Online Magazines： 線上雜誌
  一種既提供電子格式又發行印刷型式的雜誌。

· ORBIT：(縮) 書目信息分時線上檢索系統 Online Retrieval of
  Bibliographic Information Time-shared
  由美國系統開發公司研製的，於1974年開展對外服務。擁有一百
  多個資料檔，學科範圍偏於理科和工程技術。

· OSI Reference Model：(縮) 開放式系統連接參考模式 Open
  System Interconnection Reference Model
  一種組織數據以層次結構形式進行通訊活動的標準模式，它通常
  用於描述區域網絡的概念模式。

· Pacs-Review：(縮) 公共查詢計算機系統評論 Public Access
  Computer System Review
  在網絡上供讀者查找的一種關於圖書館和資訊領域計算機應用的
  電子雜誌，內容包括線上目錄、CD–ROMs、網絡和信息數據庫
  等。

- Painting：「描繪」

  在超級卡系統中，第三（較高）層次的用戶，可以使用圖形工具對堆棧的數據存取。

- Permanent Paper：耐久紙

  一種具有一定塑性和化學穩定性的特種紙張。在圖書館正常使用條件下，可持續使用幾百年。

- Perspective：「框架」

  在超級媒介系統中建立一種結構，通過它可以進入超級基礎。

- Pixel：像元

  在電視圖像中，顯示圖像最基本的單元；最小光柵顯示的基本單元，用來描述一個點的顏色或光的強度。

- Photocopying Technology：複印技術

  將印刷的圖書資料或稿本中的文字和圖形照「原樣」（包括原尺寸、縮小、放大）複製出來的技術。

- Printer Server：打印服務器

  一種在區域網絡上的節點，提供用戶共享打印機或其他輸出設備的資源。

- Probabilistic Protocol：或然性協議

  一種區域網絡的通訊協議。當網絡的線路上沒有其他工作站傳送

信息時，該站可以在任何時間傳送數據。

· Ramdon Access：隨機存取

一種計算機的存取方式。將數據存入計算機的存儲器或從存儲器取出數據所需要的時間與數據的存儲位置無關。

· Red Book：「紅皮書」

一種數字聽音光碟的標準。它描述數字聽音光碟的物理結構：說明光碟的大小、數據的物理分佈及存貯區域的特徵。

· Reference Index：參考索引

在索引文件中，按數據的記錄號排列的表。

· Rewritable Optical Disc：可擦寫光碟

在光碟上的所有區域都可以寫入記錄或抹去，與磁盤有類似的性質，但訪問速度較慢。是 "erasable optical disc" 的同義詞。

· Ring：環型

一種網絡拓樸結構。在網絡上的節點以環狀連接，即每個節點連接其他兩個節點，最後一個節點連接第一個節點。

· RLG：（縮）研究圖書館組織Research Libraries Group

建立於1974年，是紐約公共圖書館、耶魯大學圖書館、哥倫比亞大學圖書館、哈佛大學圖書館等一批研究圖書館組成，目的為了資源共享。

• RLIN:（縮）研究圖書館資訊網 Research Libraries Information Network

　　研究圖書館組織建立的一個圖書館網絡，規模僅次於 OCLC，採用分佈式數據庫技術，各成員館分別承擔本館的編目，其他圖書館在線上共享資源，該系統能處理非羅馬字母的文字。

• Script:「正本」

　　超級卡系統的一組命令或功能，每個命令對應特定的事件。

• Scripting:「書寫」

　　超級卡系統中，第五個（最高）層次的用戶，可處理一系列命令和寫計算機程序來開發新系統。

• SCSI:（縮）小型計算機標準接口 Small Computer Standard Interface

　　一種八比特的並行界面，將外圍設備與微型計算機連接。

• Server: 服務器

　　一種區域網絡上的節點，提供訪問網絡上的資源。

• SGML:（縮）標準通用組版語言 Standard Generalized Markup Language

　　八十年代末，使用的一種文件機讀版本的最新格式，作為輸出印刷型文本的工具。

· Shell：一種計算機程序軟件，可用來解釋執行其他軟件程序或用
戶需求。

· Single-key Access：單鍵存取
在數據庫中，使用一個鍵值僅對應一條記錄的存取方法。

· SNA：（縮）網絡系統結構System Network Architecture
一種IBM計算機的網絡層次通訊協議。

· SSI Program：主題—句子—索引程序 Subject-Sentence-Index
Program
用於全文檢索的一種軟件。它將全文重要和次重要概念的句子都
做成相應索引，讓讀者根據有關概念進入系統的句子查找，這時
能在全文中的相關句子出現亮的光標或陰影，並顯示在屏幕上以
便提醒用戶。

· Stack：堆棧
在超級卡系統中，相關記錄的集合。

· Standard Ethernet：標準以太網
一種以太網的產品，也稱為厚型以太網 (Thick Ethernet)，使用
RG–11同軸電纜並遵照IEEE 802.3的10 BASE 5 規格安裝。

· Star：星型
一種網絡的拓樸結構，在網絡上的節點都連接到中央處理設備上，

信息傳輸是從節點傳送到中央處理設備，再由它傳送到另一個節點。

· STP：（縮）屏蔽式的雙扭線 Shielded Twisted-Pair wiring

一種用於區域網絡的電纜型式。它比非屏蔽型式有較好的抗電磁干擾能力。

· TCP/IP：（縮）傳輸控制／網間協議 Transmission Control Protocol/Internet Protocol

將傳輸和網絡層次的協議結合起來，作為廣區網絡的通訊協議。它保證了信息快速地從一個網絡傳輸到另一個網絡，從一種類型的計算機傳送到另一種類型的計算機。最早應用於美國的 ARPANET。

· Teletex：電傳正文

七十年代中期最早出現於歐洲的一種線上信息數據庫的服務系統，用戶在家中或圖書館辦公室，只能單向從電視屏幕閱讀有關信息。參見電傳視訊(Videotex)。

· Token：「銅板」

一種特殊「比特」模型的電信號。它在區域網絡的通訊中，使用於確定性協議。

· Token Bus：「銅板」總線

使用總線拓樸結構的一種區域網絡的型式，即通過媒介傳輸信息

是由「銅板」信號控制的。當路徑確定後，就限定「銅板」傳輸到給定節點的時間。

- Token Ring：「銅板」環

  使用環型拓樸結構的一種區域網絡的型式，即通過媒介傳輸信息是由「銅板」信號控制的。當路徑確定後，就限定「銅板」傳輸到給定節點的時間。

- Topology：拓樸結構

  描述網絡節點的實體和邏輯的關係。在區域網絡中，通常有三種類型：星型、總線型和環型。

- Twist-pair Wiring：雙扭線

  兩根包了絕緣材料的銅線被扭絞在一起，並用熱塑料或帶有螢光的聚合物包在外層，有一定的屏蔽防干擾能力。

- Typing：「打字」

  在超級卡系統中，第二（較低）層次的用戶，他可以使用瀏覽工具和按鈕查詢所有系統中的信息，且能輸入數據並進入數據編輯。

- UNCOVER：

  當今世界上最大的電子雜誌期刊全文檢索及傳遞系統。由美國科羅拉多研究圖書館學會主辦，建於1988年，該系統收藏了一萬多種雜誌，學科覆蓋面幾乎包括了所有的學術研究領域，現已有200

萬多篇文章存貯於數據庫中,用戶可以通過Internet網絡訪問該系統。

· UNIMARC：（縮）國際機讀編目格式Universal MARC Format
一種國際MARC的通用格式。1972年由「國際圖聯」組織研製,以統一各國的MARC在內容和標識符上的差別。「中國機讀編目格式」是依據它制訂的。

· UTLAS：（縮）多倫多大學圖書館自動化系統University of Toronto Library Automation System
加拿大多倫多大學建立的一個圖書館線上網絡系統,用於加拿大各圖書館共享書目資源,後來發展成為一個國際性的聯機書目系統。

· UTP：（縮）非屏蔽雙扭線Unshield Twisted-Pair wiring
一種廣泛使用於區域網絡的電纜。

· Video Cassette：錄像帶
具有磁性塗層,用於記錄和重放圖像及音響信號的長帶,常用錄像帶寬為1/2和3/4英寸。

· Videodisc：錄像盤
記錄圖像和聲音,並通過專用設備播放的盤片,一般用塑料製成。按記錄原理和拾取方式可分為接觸式和激光式兩類。參見 laser videodisc。

· Videotex: 電傳視訊

一種線上交互對話的信息服務系統。用戶可以向數據庫控制中心
提出問題，讓系統解答，信息通過電纜或微波傳送。接收設備可
以是專用終端、微機或帶有接收編碼功能的電視機。

· Virtual Library: 虛擬圖書館

參見「電子圖書館」。 它不是一個具體的圖書館，而是通過某一
個圖書館或在網絡上的工作站，去訪問別的圖書館和信息數據庫
中心。

· WAN: （縮）廣區網絡 Wide Area Network

一種覆蓋大區域範圍的數據通訊網絡（相對區域網絡而言）， 相
互連接設備之間的距離不受限制，如國家或國際的計算機網絡。

· WIMPs: （縮） 圖像用戶界面(Window, Icons, Mice, and Pointers)
見GUI。

· WLN: （縮） 華盛頓圖書館網絡 Washington Library Network

1976年由美國華盛頓州圖書館委員會主辦的，宗旨是向成員館提
供聯機編目服務等。

· Workstation: 工作站

一種能帶若干終端或簡單外圍設備的微機。它作為區域網絡上的
一種節點，執行特定功能如數據管理、詞處理等。

• WORM：（縮）一次寫入光碟Write Once, Read Many

在光碟上，僅能將數據寫入一次，被寫入的區域不能再寫新的記
錄，完成寫入工作後，可供多次的讀出。

• WWW：（縮）英文World Wide Web的縮寫，稱之為環球網或全
球資訊網絡。

以超級正文技術開發出來的一種運行在國際電腦網路上的網絡信
息資訊系統。

• Yellow Book：「黃皮書」

一種唯讀光碟(CD–ROM)的標準，定義了光碟的物理結構和數據
存貯格式。

大雅叢刊書目

仿冒行為之案例研究	徐 火 明	主編
—— 公平法與智產法系列五	張 瑜 鳳	著
產地標示之保護	徐 火 明	主編
—— 公平法與智產法系列六	方 彬 彬	著
新聞客觀性原理	彭 家 發	著
發展的陣痛 —— 兩岸社會問題的比較	蔡 文 輝	著
尋找資訊社會	汪 琪	著
文學與藝術八論 —— 互文、對位、文化詮釋	劉 紀 蕙	著

法學叢書書目

程序法之研究（一）	陳 計 男	著
程序法之研究（二）	陳 計 男	著
財產法專題研究	謝 哲 勝	著
香港基本法	王 泰 銓	著
行政法之學理與體系（一）—— 行政行為形式論	陳 春 生	著
歐洲共同體法總論	王 泰 銓	著

圖書資訊學叢書書目

美國國會圖書館主題編目	陳麥麟屏、林國強	著	已出版
圖書資訊組織原理	何 光 國	著	已出版
圖書資訊學導論	周 寧 森	著	已出版
文獻計量學導論	何 光 國	著	已出版
現代化圖書館管理	李 華 偉	著	已出版
圖書館與當代資訊科技	景懿頻、楊宗英、李燦傳	著	已出版
圖書資訊學專業教育	沈 寶 環	著	撰稿中
法律圖書館	夏 道 泰	著	撰稿中
似真圖書館	何 光 國	著	撰稿中

現代社會學叢書